超ラクラク

交渉術

浜田 幸一

Kouichi Hamada

海鳥社

装幀・本文イラスト●新谷コースケ

はじめに

こんな小話があります。おばあちゃんと孫の会話です。

「今年のオリンピック、凄い選手がいるねえ……」

「どこの国の人？」

「わからないけど……とにかく凄い人だよ！」

「名前は？」

「確か〝プレッシャー〟とかいう人だったと思うけど……」

「……」

これは笑い話ですが、人が何かを成し遂げようとする時、「プレッシャー」の存在は大きな問題となります。

大多数の人が苦手とするものに、次の二つがあります。
①プレッシャー

②交渉（対人折衝＆人間関係力）

私も、若い頃は、この二つに悩まされました。

学生時代、陸上競技をやっていた私は、レース前になると極度の緊張感（プレッシャー）に襲われ、上手く走れないレースがたくさんありました。

もうひとつ。もともと対人関係が苦手だった私は、「交渉」も苦手でした。

その私が、交渉のやり方を指導して約二十年になります。本文にもありますが、今では「交渉＝楽しい！」というイメージを持っています。プレッシャーと上手く付き合う術も会得しました。人間、変われば変わるものです。

「交渉」という言葉に対しては、何かいかめしい、特殊なイメージを抱きがちですが、そんなことはまったくありません。

なぜなら、日々の日常生活そのものが、交渉の連続だからです。

例えば、

- 友達と食事をする時
- 家族と夏休みに旅行に行く計画を立てる時
- お小遣いの金額を決める時
- 車を買う時

●仕事の役割分担を決める時

どれも身近にあるお話です。

日々経験する交渉の中で行き詰まった時、「スパッ！」と答えを出してくれる本があったら……そんな皆さんの声から生まれたのが、この『超ラクラク 交渉術』です。

この本の特長は、

①わかりやすい

②具体的

③即使える

ということです。

交渉は、人と人との〝心の交流〟です。

この本には、難しいことは一つも書いてありません。私が現場で実際に体験したこと、経験したことを中心に、話が展開していきます。

もちろん、主役は、読者である〝あなた〟です。

さあ、早速、私と一緒に、楽しい「交渉の世界」へ旅立ちましょう！

超ラクラク
交渉術

目次

はじめに　3

1 交渉って何だろう……14

1 なぜ、みんな交渉が苦手なのか？　14
2 交渉は「素質」ではなく「技術」である！　19

2 ＷＩＮ／ＷＩＮの交渉術……26

1 ＷＩＮ／ＷＩＮとは？　26
2 「三方良し」の考え方　30
3 私の〝身売り〟話　32

3 交渉を成功させるための雰囲気づくり……38

1 人は「感情」で動く！　38
2 いい気持ちになった人は、必ずいい結果を与えてくれる　40

3 好意・好感の法則 43

4 服装&持ち物も立派な交渉道具……51

1 人は「服装」で相手を判断する 51
2 相手に合わせた服装がベスト! 55
3 案外見られている「小物」 59

5 言い方次第でこんなに変わる!……64

1 人は「事実」より「言葉」に反応する 64
2 言いたいことを的確に伝える技術 69
3 さらに一歩進んで、説得力を増す方法 76

6 「聴く」技術が交渉を成功に導く……81

1 人は、自分のことで精一杯 81

2 聴き方の五大ルール 85
3 信頼を勝ち得る「バックトラッキング法」 89
4 両者の意見を聴く 91

7 交渉は「情報」が決め手！…… 95

1 情報の力は計り知れない 95
2 情報は、出さないと入ってこない 99
3 「情報」の深い意味とは？ 106

8 交渉の作戦を練る…… 110

1 交渉は作戦（プランニング）がすべて！ 110
2 何を、どうプランニングするか？ 115
3 初頭要求は大きく！ 119
4 交渉は〝ホームグラウンド〟で！ 123

9 現場で即使える基本テクニック……126
1 「数字」を有効に使う 126
2 非金銭譲歩 128
3 行き詰まったら検討期間を設ける 133
4 キーマンを探せ！ 134
5 相手の「デッドライン」を知れ！ 137

10 力関係は逆転できる！……142
1 力関係とは何か？ 142
2 逆転するための六つの力 143

11 違いを生み出す応用テクニック……157
1 パー法（定額法） 157

2 はしご段法（上訴法） 159
3 相手が「責任転嫁法」を使ってきたら…… 163
4 もうひと押し法 166
5 「もしも」の質問法 167
6 質問には質問で返せ！ 169

12 交渉力は〝宝〟だ！

交渉力は〝宝〟だ！…… 175
1 交渉力がアップすると人生が変わる 175
2 日頃のお付き合いを大切に！ 181
3 交渉は、最終的には心の交流 183

あとがき 187

超ラクラク
交渉術

1 交渉って何だろう……

1 なぜ、みんな交渉が苦手なのか？

ほとんどの人は交渉が苦手

私は過去二十年以上、コミュニケーションセミナーの指導、教育をしてきました。そのたくさんのセミナーの中で、ダントツに人気があるのは「交渉」のセミナーです。

セミナーが始まり、私は受講生の方に質問します。

「皆さんの中で、交渉が得意な方は手を挙げてください」

ほとんど手が挙がりません。手を挙げる人は、二百人に一人ぐらいです。

交渉は苦手な人が多いのです。なぜでしょうか？

実は私も苦手だった

実は、私も交渉が苦手でした。

私は以前、親の経営する小さな建設会社で働いていました。主に、学校や体育館、砂防ダムなどの公共建築の設計、施工、現場管理を行っていました。二十代の頃です。大学を卒業して最初に行った現場が、市の消防署の新築工事現場です。そこで見た光景は、私にとっては新鮮かつ衝撃的でした。

不特定多数の多くの人が現場に出入りします。たくさんのプロの集団がいました。目的は、いい建物を作ることです。

そこには、もう一つ、さまざまな人間模様（感情の世界）がありました。

現場は〝生き物〟です。日々、変化の連続です。飛び交う現場用語に、若い私はまったく対応できませんでした。加えて、工程会議、打ち合わせ、折衝など、さまざまな交渉事をこなさなければなりません。

その時の私の交渉に対するイメージは、

「面倒くさい！」

「できればやりたくない」

「時間がかかる」

「勝ったり負けたりで嫌だなあ」

というものでした。

それから三十年近くの月日が経ちました。今の私の交渉に対するイメージは、まったく違います。

「交渉＝楽しい！」

変われば変わるものです。

なぜ、交渉は楽しいのか？　その秘密を、本書を通して解き明かしていきます。

交渉は、とても身近なもの

一番大切なのは、交渉を「特殊なもの」と考えないということです。

新聞を見れば、「交渉」という文字が踊らない日はありません。「日米交渉」「日露交渉」「北朝鮮との交渉」「イラクの復興支援の交渉」……。

ところで、我々一般人は、普段このような大がかりな交渉をするでしょうか？　大抵の場合、大統領、首相、外交官、特使、政治家などが、その任に当たります。

私が考える交渉は、もっと身近です。その相手は、友人、知人、家族、取引業者、関連業者……という人たちです。

ここに仲の良いカップルがいるとします。

「今度の週末どこに行こうか？　六本木ヒルズやお台場なんかどう？」

「私は、六本木のミッドタウンか、東京駅の丸ビルのレストランがいいな」

「じゃあ、今回はミッドタウンにしよう」

「賛成！」

次は、同じ会社の先輩、後輩の会話です。昼休みになりました。

「A君、今日の昼飯どうする？　何食べる？」

「先輩、今日は胃の調子がイマイチなので、軽いものがいいんですけど……」

「そうか、実は俺もそうなんだ。昨日、高校時代の親友と街でバッタリ会ったんだ。調子に乗って三軒はしごしたのはいいんだけど、飲み過ぎちゃってさ。よし、今日は軽い感じで焼き魚定食でもどう？」

「いいですね！」

これらも立派な交渉です。「交渉」＝「共感」と考えると、気が楽になります。

ただ、このような何気ない日常の交渉も、先ほどの国家間の交渉も、同じ「人間」が行

●交渉はとても身近なもの●

今度の週末は
どこに行こうか？
私は
お台場がいいわ

今日の昼は
焼き肉定食でどう？
胃の調子がイマイチなので
うどんなんかどうですか？

これらも立派な交渉

↓

「交渉」＝「共感」と考えよう

うことに変わりはありません。少しのコツをつかめば、あらゆる交渉事を楽しく、かつ有意義に進めることができるのです。

2 交渉は「素質」ではなく「技術」である！

交渉次第で、飛行機も目的地に早く着く!?

私の弟は、地元で設計関係の仕事をしています。真面目を絵に描いたような性格です。以前、弟がコンピュータグラフィックの勉強をするために東京に来ました。弟は持病を持っています。「過呼吸症候群」という病気です。突然、呼吸が苦しくなるのです。

慣れない環境で、真夜中に発症しました。滞在先は都内のウィークリーマンションです。

「兄貴、早く来てくれ！　もう駄目だ！」

大阪市内のホテルで電話を受けた私は、ビックリしました。事態は一刻を争います。すぐに救急車を呼び、私も病院に駆けつけました。そして一晩中、弟に付き添いました。

「家に帰らせよう」

そう決断した私は、次の日に早速飛行機の手配をしました。目的地は九州の佐賀です。

弟は、飛行機の中でも苦しそうにしています。

やがて、一人の女性の客室乗務員がやって来て、こう質問しました。

「大丈夫ですか？　何かお手伝いしましょうか？」

「実は、彼は過呼吸症候群なんです……。できるだけ早く着きたいんですが」

すると、彼女はニッコリ微笑んで、

「大丈夫ですよ！　私に任せてください。私は高校時代、クラブでバレーボールをしていたのですが、過呼吸症候群だったんです。よく倒れました。状況がわかりましたので、キャプテン（機長）に、急ぐように言っておきます」

彼女の的確な対処のお陰で、弟は無事に佐賀空港に着きました。しかも、到着予定時間の十五分も前にです！

飛行機も、交渉次第で早く着くのです。

もう一つ具体例を挙げます。金沢に住む学生時代の友人宅に遊びにいった時のお話です。明け方まで昔話で盛り上がり、何軒もはしごをして、お金を使い果たしてしまいました。残りのお金は二千円ぐらいです。

朝八時頃、友達が車でホテルに迎えにきてくれました。

十分ぐらいで金沢の駅に着きました。すると、特急電車の「雷鳥号」大阪行きがホームに入るのが見えました。私は急いでその電車に飛び乗りました。

行き先は九州です。金沢－新大阪－（新幹線）－博多－熊本という経路です。あらかじめチケットは買っていました。私の計画では、車内でお弁当を買い、缶ビールでも飲んで、列車の旅を楽しむつもりでした。

金沢を出発してしばらくすると、

「ご面倒様です。乗車券、特急券を拝見させていただきます」

と、若い車掌さんが回ってきました。

私は、切符を出そうとしました。ところが、ないのです！　ポケットの中にも、荷物の中にも、座席の下にも見当たりません。

私はあせりました。お金は二千円しかありません。新しい切符は買えません。バツが悪くなった私は、車両連結部の近くにある車掌室の前に移りました。

「すみません、切符をなくしたのですが……」

蚊の鳴くような小さな声で、私は言いました。

すると、若い車掌さんはつれなく、

「もう一度、切符を買ってください。出てきたら払い戻しいたします」

と答えます。正論です。

問題は、私がお金の持ち合わせがないということです。

「何とかなりませんか?」

「規則ですから」

「友人が、広島でお金を払ってくれるのですが……」

「規則ですから」

会話が噛み合いません。私はとっさに考えました。

「上の人（彼の上司）に話したら、わかってもらえるかもしれない！」

すると、ちょうど年配の車掌さんが通りかかりました。

「すみません、切符を落としてしまいました。広島で友達が払ってくれるので、そこまで何とかなりませんか?」

「わかりました。何とかしましょう。ちょっとお待ちいただけますか?」
五、六分の時間が経ちました。すると、先ほどの若い車掌さんが来て、一枚の紙を私にくれました。紙には、こう書いてありました。
「車掌各位殿。このお客様は乗車券、特急券をなくされました。広島でお友達がお金を払ってくださいます。よろしくお願いいたします。北陸機関区車掌〇〇」

効果は抜群でした。

「ご面倒様です。乗車券、特急券を……」

と言われるたびに、その紙を見せました。すると、どの車掌さんも丁寧に対応してくれました。まるで、水戸黄門の「印籠」です。

広島で、友人がお金を払ってくれました。そして、無事九州の自宅まで帰り着くことができました。

この些細な出来事も交渉です。上司の人と交渉する方法を、専門用語で「はしご段法」といいます。この方法を知っているのと知らないのとでは、かなり結果が違います。

「交渉＝ゲーム」と考える

ここに、自動車レースをしている二人がいるとします。同じ目的地に向かっています。Aさんにとっては初めて走る道です。Bさんは地元の人で、毎日その道を通っています。

さて、どちらが早く目的地に着くでしょうか？

常識的に考えたら、Bさんが圧倒的に有利です。それはなぜか？　道をよく知っているからです。

さらに、Bさんがカーナビを持っていたらどうでしょうか？　もっと早く着く可能性があります。

このように、「知っている」ということ（知識）は「力」です。交渉の技術を知り、それを身につければ、結果はまったく違ったものになります。

生まれつき交渉が上手な人もいます。ただ、ほとんどの人が苦手です。そこで、交渉を「素質」ではなく、「技術を駆使したゲーム」と考えたら気が楽になります。

もちろん、テクニックだけでは交渉は成り立ちません。「マインド」（心）と「スキル」（技術）のバランスが大切なことも事実です。

さあ、前置きはこのぐらいにして、早速、私と交渉成功の〝マスターキー〟を手に入れる旅に出かけましょう！

Point

交渉とは何か？

ほとんどの人は交渉が苦手

[交渉は特別なものと考えている]

↓

交渉は，とても身近なもの

[日常の些細な会話も立派な交渉である]

交渉は「素質」ではなく「技術」である

- 交渉＝「技術を駆使したゲーム」と考える
- 技術を身につければ，日常の些細な交渉も，大きなビジネスの交渉もうまくいく

2 WIN/WINの交渉術

1 WIN/WINとは?

交渉のタイプは五つある

交渉は、主に次の五つのタイプに分けられます。

①WIN/WIN　私もOK、相手もOK
②WIN/LOSE　私はOK、相手はNG
③LOSE/WIN　私はNG、相手はOK
④LOSE/LOSE　私も相手もNG

⑤NO WIN　　　　結果なし（交渉の余地なし）

両者が一番ハッピーなのは、もちろん①のケースです。

②の結果になった時、一見うまくいったように見えますが、やられた方は仕返しを考えるケースが多いため、最終的に④のタイプになる可能性があります。

③は、お人好しの人がはまるケースです。交渉の後で後悔します。

WIN／WINは〝共存共栄〟

WIN／WINの交渉を、日本語では「相互満足交渉」といいます。「共存共栄」といった方がわかりやすいかもしれません。

共存共栄とは、文字通り、ともに生き、お互いに助け合いながら繁栄するということです。

Aさんは魚を獲っています。Bさんはお米を作っています。物々交換をすると、お互いにハッピーになります。

戦国時代に北条早雲という武将がいました。下剋上の時代の典型的な武士です。次々に領土を獲得してゆくのですが、領民からは大変人気がありました。

その理由は、彼の政治姿勢にありました。力でねじ伏せるのではなく、心の交流を重視

●ＷＩＮ／ＷＩＮの結果を目指そう●

ＷＩＮ／ＷＩＮとは

お互いがハッピーになること

- **どちらか一方が損をする**
- **どちらか一方が無理をする**

……という関係は長続きしない！

して徳政を行いました。

早雲の人柄を偲ばせるエピソードがあります。

当時、馬は貴重な財産でした。戦《いくさ》においては、いかに良質の馬をそろえることができるか、というのが勝負のカギでした。武田信玄の騎馬部隊は「赤備え」といわれ、敵から恐れられました。

ヨーロッパでも同じです。古代ローマ帝国を滅亡の一歩手前まで追い込んだカルタゴの闘将ハンニバルは戦術の天才で、特に馬の使い方が巧みでした。最後は、ローマの若き英雄スキピオに、自分が使ったのと同じ戦法で敗れるのですが、そこでも大活躍したのは馬でした。

馬には、いい馬もいれば弱い（貧弱な）馬もいます。しかし、早雲は、どんな馬も同じ値段で買い取りました。

この噂は、村中に広がりました。

「今度の領主様はいい人だ！」

結果、良質の馬がドンドン集まってきました。

戦国時代、農民は重い年貢に苦しめられていました。早雲は、それも軽くしました。そして、特に老人、病人に対しては手厚く看護させました。

領民から慕われた北条家は、それから五代続くことになります。見事な「共存共栄」です。

2 「三方良し」の考え方

「三方良し」

これは、近江商人の言葉です。

「売り手良し、買い手良し、世間良し」、つまり、売る人や買う人はもちろんのこと、社会の役に立つような商売をしなさい、ということです。

世間（社会）という大げさなものではなくても、そのビジネスに関わる三者がハッピーになること、と捉えてもよいでしょう。サービス業でいうと、「オーナー」「お店のスタッフ」「お客様」です。

一昔前の話です。六本木にとても流行《はや》っているスナックがありました。落ち着いたシックな感じのお店です。カラオケはありません。店内には、静かにジャズが流れ、時を刻みます。

お客さんも、気品に満ちた人ばかりです。売り上げも相当なものです。

この店のママさんは、若い頃、夢を持っていました。女優になるという夢です。チャンスはあったのですが、親から反対され、泣く泣くあきらめました。

彼女は、その夢を後輩に託します。女優の卵をバイトとして雇いました。清楚な感じの女の子です。

彼女はその女の子に、次の二つのことを実行させました。
①相手の話をよく聴いてあげなさい
②相手の良いところを三つ褒めて、一つ質問しなさい
まず一番目のポイントですが、相手の目を見て、会話をしっかり受け止めなさい、と指導したそうです。

そして二番目は、

「Aさん、そのネクタイ素敵ですね。スーツ姿もとても魅力的！　それに、Aさんのお話はいつも楽しいわ！

ところで、そのスーツは、どこで仕立てられたのですか？」

こんな感じです。

何といっても、相手は美形の女優の卵です。褒められた相手は、いい気持ちになります。常連のお客さんが増えました。お店は大繁盛しました。

もう一つ、ママが徹底したことがあります。

「いつも背筋を伸ばして、凛としていなさい」

その結果……彼女は、バイトとしてはかなりいいお金を稼ぐことができました。お客さんもハッピーです。

このように、時代が変わっても、原理・原則は変わりません。

私はセミナー講師を仕事としていますが、やはり、基本は「三方良し」です。講師(私)、受講生、事務局(企画者)の三つの気持ちが一体になった時に、いいセミナーができます。

職種は違っても、考え方は同じです。

3 私の〝身売り〟話

夢を追って単身上京

ビジネスの世界では、

「商品を売る前に、まず自分を売れ!」

とよく言います。

ところで、皆さんは〝身売り〟をしたことがありますか？　私はあるのです。

私の師匠は、箱田忠昭といいます。年間三百回以上のセミナーをこなす、超売れっ子のカリスマ講師です。師匠の講演を聴いた当時二十七歳の私は、上京することを決意しました（詳しい経緯については、私の本『超ラクラク　スピーチ術』に書いています。興味がある方はご一読ください）。

そして三年後、私は、「研修講師になる」という夢を持って単身上京しました。忘れもしません。一九八七年七月十日のことです。

それから約一週間後の七月十八日、師匠との交渉に臨みました。

師匠の事務所は、東京のJR神田駅から、出世不動通りを歩いて十分ぐらいのところにありました。サンスタービルという小さな雑居ビルの五階です。

下にグリーンの公衆電話がありました。

「もしもし、私は浜田といいますが、箱田先生はいらっしゃいますか？」

電話に出られた上野さんという秘書の女性が、とても丁寧に対応してくださいました。

「箱田はおりますので、しばらくお待ちください」

すぐ後に、

「箱田です！」

電話口から、元気のいい師匠の声が聞こえてきました。

「あのー浜田と申しますけど」

「失礼ですが、どちらの浜田さんですか?」

「九州の青年会議所の……」

「ああ、ハマコーさんですね! 覚えていますよ! どうしたんですか?」

「実は、ご相談したいことがあって、お電話しているのですが……。お時間とれますでしょうか?」

「今日、この後は忙しいので、今だったらいいですけど……」

「今がいいんです!」

私はとっさに答えました。

すると、師匠は少し慌てて、

「今、どちらですか?」

と聞いてきました。

「下の公衆電話です!」

五階の窓から視線が飛んできます。私の目とバッチリ合いました。

私は、ニッコリ笑って手を振りました。師匠が驚いている様子が、手にとるようにわかります。

私は、ボストンバッグを二個持っていました。そのビルは、エレベーターがありませんでした。

約二分後、二人は〝再会〟しました。

劇的な結末

交渉が始まりました。

「いつまで東京に滞在する予定ですか？」

「わかりません」

「どういう意味ですか？」

「実は、先生が都城《みやこのじょう》での講演会の時に、東京に出てきたら面倒見ますよ、と言われたので出てきちゃいました」

そこには、凍りついた師匠の顔がありました。

「ちょ、ちょっと話をしよう！」

一階にある喫茶店に移動しました。

最初は歯切れがよかったのですが、ドンドン重苦しい雰囲気に変わっていきます。

師匠の主張は、私を「雇えない」（独立して間もないので、人件費が払えない）。

私は、「帰れない！」。まさに背水の陣です。

お互いに譲れない事情があります。まさに究極の交渉です。会話が止まり、お互いに下を向きました。

三十秒ほど経った時です。不意に私の口から、とんでもない言葉が飛び出しました。

「箱田先生、私、タダでもいいんですけど……」

「タダ？　タダだったらいいですよ！」

ホッとした雰囲気が伝わってきます。

条件は「無給」。その代わり、師匠の鞄持ちをさせてもらえる（勉強できる）ことになったのです。

私のメリットは、研修講師になる第一歩が踏み出せた、ということです。そして師匠としても、私を育てて一本立ちさせることができたら、貴重な戦力になります。お互いのニーズが満たされました。

それから二十年以上の月日が経ちました。この交渉の結果は、立派に実を結びました。まさにＷＩＮ／ＷＩＮの典型が、ここにあります。

Point

お互いがハッピーになる結果を目指す

- どちらか一方が損をする
- どちらか一方が無理をする

……という関係は長続きしない。

WIN／WIN

［お互いが助け合いながら繁栄する＝共存共栄］

三方良し

［そのビジネスに関わる
すべての人がハッピーになる］

↓

**時代や職種が違っても，
目指すものは同じ**

3 交渉を成功させるための雰囲気づくり

1 人は「感情」で動く！

グッドフィーリングは、さらなるグッドフィーリングを生み出す

Mさんは、私が尊敬する先輩です。今は、教育コンサルタントの仕事をされています。英語でのディベートのやり方なども指導されています。

仕事ができて人柄も素晴らしいMさんは、外資系の会社から度々ヘッドハンティング（スカウト）されました。そのたびに、給料、条件が良くなっていきます。

スタートは、IT業界で有名なIBMです。社是は「THINK」です。

Mさんが三十代の頃、I社の成績優秀者が全世界からニューヨークにある本社に集められたそうです。

飛行機は、もちろんファーストクラスです。ニューヨークの空港に着くと、立派なリムジンが待っています。そしてホテルに着くと、入り口までレッドカーペットが敷かれています。入り口では、会社の社長以下、幹部がタキシード姿で笑顔のお出迎えです。しばらくして、晩餐会が始まりました。そして、社長のスピーチです。それは次のようなものでした。

「皆さん、ようこそ！　今回の滞在を楽しんでください。この晩餐会の後は、五日間、自由に過ごしてください。行事は何もありません。行きたいところに行ってください。旅行の手配、経費はすべて我々が持ちます。何なりとお申し付けください。ただし、一カ所だけ、我が社のワトソン研究所だけは見ていってください」

Mさんは、本当かな、と思ったそうです。

五日間の滞在が終わり、空港までリムジンで送られたそうです。そして経営陣からのメッセージは、笑顔以外何もなかったそうです。

「我々は、会社から大切にされている」

Mさんはそう実感しました。

この後、今まで以上にやる気になったそうです。世界の仲間との交流も生まれました。「グッドフィーリング」は「グッドフィーリング」を惹き付けます。

バリ島の「笑顔」

「バリ島に行くと、心が安らぐ」

友人の言葉です。

「言葉は通じなくても、私が望むことをさりげなくやってくれる。押し付けがましいところが全然ないんだ」

バリには、一つの伝統があります。赤ちゃんが生まれると、一年間、常に誰かが赤ん坊を抱いて、あやしているのだそうです。そこには、優しい笑顔の交流があります。

私の経験からいうと、交渉中、両者に笑顔が多い時には、話がうまくまとまるケースが多いのです。もちろん、笑顔が出ないようなハードなケースもありますが……。

2 いい気持ちになった人は、必ずいい結果を与えてくれる

なぜ、マルコ・ポーロはフビライ・ハンに気に入られたのか？

マルコ・ポーロは、有名なベニスの商人です。アジア諸国の旅の記録『東方見聞録』でも知られています。彼はモンゴル帝国の皇帝フビライ・ハンの信用を得て、十七間にわたり仕えました。

さて、マルコ・ポーロは、どのようにしてフビライの信用と信頼を勝ち得たのでしょうか？

交渉には、

①力で相手を屈服させる

②お互いに分かち合い、共感を生む

という二つの方法があります。

前者は、どちらかというと「西洋思想」です。後者は「東洋思想」です。現在の主流は、「西洋思想＋東洋思想」という感じです。

マルコ・ポーロは、②の手法をとりました。フビライの遊び相手になり、相談相手になり、友達になり、そして仲間になったのです。すると不思議なことに、フビライは着物、宝石、地位、名誉……と、さまざまなものをマルコ・ポーロに与え始めました。

そうです！　交渉のカギが、ここにあります。

「相手と仲良くなる」

「相手に与える」

その姿勢が、交渉を成功へと導くのです。

台湾旅行での出来事

先日、四泊五日の台湾へのツアーに参加しました。お目当ては中華料理です。広東料理、四川料理、北京料理、飲茶……。料理もよかったのですが、添乗員さんが最高でした。五十代前半の男性で、かなりのベテランです。

彼はまさに段取りの名手でした。無駄な待ち時間がないのです。押し付けもありません。昔金山だったという観光地に行きました。あいにくの雨模様で、肌寒い日でした。山の中の道をかなり歩きました。

バスにたどり着いた私たちは、少しお腹が空いていました。夕食まで、まだかなり時間があります。

「皆さん、お腹が空いたでしょう。これは台湾で有名なお団子です。どうぞ！」

そのタイミングのいいこと。みんな大満足です。彼は、途中の茶店でお団子を買っていたのです。

この旅行中のある日、その日は私の師匠の誕生日でした。夕食の席には、添乗員さんの計らいにより、ケーキと誕生日ソングが用意されていました。

北京料理を堪能し、誕生会が終わりに近づいた頃、彼が言いました。

「私の友人を紹介します。彼女は、翡翠《ひすい》と大理石で作ったボールペン、表札などを販売しています。よかったらどうぞ！」

商品が飛ぶように売れていきます。みんないい気分になっているので、つい買ってしまいます。私もボールペンを六本ほど買いました。かなりの金額になりました。

「ありがとうございます！」

爽やかな笑顔を残して、彼女は去っていきました。

これは些細なことかもしれませんが、

「いい気持ちになった人は、必ずいい結果を与えてくれる」

ということの典型的な例です。

3 好意・好感の法則

チャルディーニの法則

「チャルディーニの法則」は、アリゾナ州立大学の社会心理学の教授ロバート・B・

チャルディーニが提唱した法則です。「好意・好感の法則」ともいわれます。

「人は、好意を持った人から頼み事をされると、積極的にその期待に応えようとする」

というものです。

あなたの親友を一人思い浮かべてください。その親友が、こう言いました。

「実は、困ったことがあるんだけど……。相談に乗ってくれないかな?」

たぶん、あなたは親身になって親友の話に耳を傾けるはずです。

「どうしたの? 自分に解決できるかどうかは別として、話は聴くよ」

ここには、何の計算も利害関係もありません。まさに、理想の人間関係がここにあります。

交渉成功のカギは「世間話」(雑談)にある

では、どのようにしたらいい雰囲気ができるのでしょうか?

交渉の流れは、
①会う(エンカウンター)
②世間話(ウォーミングアップ)
③交渉

というステップで進んでいきます。

＊

①会う

交渉に限らず、初めて出会った人の評価は一瞬で決まります。シカゴ大学のレナード・ズーニン教授は、対人関係における相手の印象は「最初の四分間」で決まってしまう、と言っています。

「あっ、感じがいいな!」

その逆もあります。

「えっ、この人と交渉するの? 気が乗らないな……」

つまり、交渉においては、最初の四分間が成否のカギを握るのです。

まず、重要なのは見た目です。〝できる〟イメージを相手にさりげなく売りこむことが大切です。

- 自然な笑顔
- ハキハキした話し方
- 小奇麗な服装

などが基本です。

自然な笑顔、話し方については『超ラクラク　スピーチ術』に詳しく書いていますので、興味がある方はご一読ください。服装については、次の章で詳しく解説します。

②世間話（ウォーミングアップ）

実は、交渉成功のカギは、ここにあります。交渉がうまい人は、間違いなく世間話（雑談）がうまい人です。

交渉における世間話は、スポーツでいうウォーミングアップです。一流の選手ほど入念にやります。野球のメジャーリーグで活躍しているイチロー選手、松井秀喜選手などは、試合開始の何時間も前から球場に入り、万全の体制で試合に臨みます。

私は陸上競技をやっていました。種目は四〇〇メートルです。走る時間は、わずか五十秒ほどです。それでも、四十分ぐらいかけて入念にウォーミングアップをしていました。

ロバート・ザイアンスというアメリカの心理学者も言っています。

「人は、その人の人間的側面を知った時に親しみを持つ」

人間的側面とは、仕事以外（プライベート）の面です。

しかも、共通点が多いほど仲良くなるといいます。趣味が同じ、出身地が同じ、考え方、価値観が同じ、よく話してみたら同じ学校の先輩・後輩だった……。よく「気心が知れ

●交渉成功のカギは「世間話」（雑談）にある●

[雑談の3ステップ]

①相手の話を聴く

②自己を語る（話す量は相手の ¼ 程度）

③共通点を見出し，会話の焦点を合わせる

る」と言いますが、まさにその通りです。

さて、雑談の達人は誰でしょうか？

答えは、〝井戸端会議〟に参加する主婦の方々です。いろんな話題が飛び交います。子供のこと、旦那のこと、学校のこと、地域のコミュニティのこと……次から次に話題が出てきます。〝旬〟の情報が〝瞬〟に発信されます。

一番確かな情報は、人からの第一次情報、つまり「口コミ」です。

女性のネットワークは、情報の宝庫です。男性と女性は特性が違います。特にプライベートでは、男性は「点」で物事を捉えます。それに対して、女性は「面」です。私は、これを「寄り道思考」と呼んでいます。

ショッピングに行くとします。男性は、ほとんどの人が目的地に直行します。しかし、大多数の女性は違います。目的地に行くまでに、あっちに行ったり、こっちに行ったり、そのプロセスを楽しみます。

女性の情報量は、男性の四倍あるといわれています。女性向けの週刊誌、月刊誌の発行量は男性向けのものの約五倍です。

雑談が苦手な人は、主婦の井戸端会議に学ぶのもいいかもしれません。雑談がうまくできるようになるにつれて、交渉成立の精度が上がります。

雑談のステップをまとめてみましょう。

①相手の話を聴く

②自己を語る

③共通点を見出し、会話の焦点を合わせる

まず大切なことは、相手にしゃべらせるということです。話す量は、相手八割、あなた二割の感じです。会話の中で相手の関心事、趣味などがわかったら、その話題を中心に会話を進めていきます。徐々に相手の〝心の扉〟が開いていきます。

ウォーミングアップは、これで完了です。最初は難しいかもしれませんが、慣れると案外簡単にできます。

会話の進め方については、第六章で詳しく解説します。

③交渉

この本の主題です。

Point

交渉では「雰囲気づくり」が重要

人は「感情」で動く！

［両者に笑顔が多い交渉は，うまくいくケースが多い］

いい気持ちになった人は，いい結果を与えてくれる

↓

どうすればいい雰囲気が作れるのか？

第一印象を大切にする

- 自然な笑顔
- ハキハキとした話し方
- 小奇麗な服装

世間話（雑談）を充実させるためのステップ

①相手の話をよく聴く
②自己を語る（話す量は相手の ¼ 程度）
③共通点を見出し，会話の焦点を合わせる

4 服装＆持ち物も立派な交渉道具

1 人は「服装」で相手を判断する

「人間は中身が大切」と言うけれど……

よく「人間は中身で勝負！」と言う人がいますが、交渉においては、「服装は人なり！」です。ある調査によれば、社会的地位の高い人ほど、服装でその人を判断するという結果が出ています。

アメリカ建国の功労者の一人ベンジャミン・フランクリンは、「食事は自分のために、お洒落は他人のために」

と言っています。

フランスの皇帝ナポレオンも、次のように言っています。

「人は見た目で採用され、能力によって解雇される」

やはり、人間関係は、「見かけ」から始まるのです。

交渉においては、お洒落をする必要はありませんが、仕事の種類や相手に合わせた服装をすることが重要なポイントになります。

服装での私の苦い経験

私は若い頃に二度ほど、服装が原因で仕事を逃した経験があります。いずれも友人の紹介でした。

一回目は、七月の中旬、蒸し暑い日のことでした。待ち合わせの場所は、福岡空港二階の出発口でした。

三時の約束で、私は二時五十分に現地に着きました。その時、私は、荷物が多かったこともあり、ジーパンにTシャツという感じのラフな格好でした。

三時になりました。紹介された女性がやって来ました。三十代後半の素敵な感じの女性です。

「浜田さんですか？」

と声をかけられました。彼女は、スーツ姿で正装です。

内心「しまった！」と思いましたが、後の祭りです。何となく、会話が弾みません。

「この人、ビジネスのこと何もわかってないわ！　人と会う時のマナーも知らないのかしら……」

刺すような視線が飛んできます。無理もありません。相手はスーツ、私はジーンズにTシャツです。完全なミスマッチです。

その後、彼女からは何の連絡もありませんでした。後で話を聞くと、彼女は福岡の大きなホテルのマネージャーで、イベントのプロだったそうです。

私は仕事を一本失いました。いや、それ以上のダメージだったかもしれません。

二回目は、同級生のT君からの紹介でした。地方での出来事です。季節は秋、九月頃のお話です。

ある大手保険会社の教育研修の話でした。私は、せっかくの機会なので、しっかり準備をしてお会いしようと思っていました。

その日は久しぶりの休みで、私はホテルでゆっくりしようと思っていました。セミナーを二日間やったばかりで、スーツの下に着るシャツのストックもありませんでした。

ホテルの一階で朝食をとっていると、携帯のベルが鳴りました。T君からです。

「浜田、もう起きてる?」

「うん、今、朝ごはんを食べているところだけど」

「昨日の話だけど、担当のSさんが、今日の午前中なら時間がとれるそうなんだ。浜田は時間とれる?」

「時間はとれるけど、スーツの下に着るシャツがないから、次回の方がありがたいけど……」

「彼はよく知っている人だから、私服でも大丈夫だよ!」

まあ、いいか……気軽な気持ちで、黒のジーンズ、白いTシャツ姿で現地に出かけていきました。

着いてみると、かなり立派なビルです。入り口のホールは吹き抜けで、壁はモスグリーンの大理石です。受付の女性もきちっとした感じです。

エレベーターで七階に上がります。そこには、たくさんの営業マンがいました。全員スーツ姿で、ビシッと決まっています。T君もスーツです。私は完全に浮いています。

担当のSさんとお話ししたのですが、完全に空気に呑まれて、うまく会話することができませんでした。

Sさんは紳士です。物腰が柔らかく、言葉遣いも丁寧でした。後で聞いたら、Sさんは会社でナンバーワンの営業マンでした。

前回と同じように、その後、話は何もありませんでした。

この二回の経験から得た教訓は、間違いなく、「人は見かけで判断する！」ということです。それから、私は服装には特に気をつけるようになりました。

2 相手に合わせた服装がベスト！

「LIKE＝LIKE」の法則

服装は、いつでもスーツ姿がベストというわけではありません。逆にカジュアルな服装の方がよい時もあります。

最近はセミナーも私服（外資系企業が多いのですが）で受講される人が増えてきました。

私は、皆さんがその日どういった服装で来ているのかわからないので、とりあえずスーツ姿で行きます。私服の方が多い時には、一応担当者の許可を得て、ネクタイを外します。これだけでも、かなりカジュアルな感じに変身できます。違和感がありません。会場に一体感が出ます。

「LIKE＝LIKE」という法則があります。英語の「LIKE」は「好き」という意味です。それと、「○○のような」「○○に似ている」という意味があります。

「LIKE＝LIKE」とは、「人間は、似ている人に好意を持つ」ということです。同類が好きなのです。

ここがセミナー会場だとします。あなたは参加者です。みんなスーツ姿だとします。そこに一人、派手な感じの男性が入ってきました。ジーンズ、革ジャン、頭はパーマで、首にはカラフルなネッカチーフを巻いています。彼を見て、皆さんはどう感じるでしょうか？　たぶん、かなりの違和感を感じるはずです。

逆のケースだったらどうでしょうか？　カジュアルな集団の中に、あなたがスーツ姿で行ったら、やはり浮きます。

ですから、事前に相手の服装なども調べておく必要があります。相手がスーツだったら、あなたもスーツを着ます。相手がカジュアルな服装だったら、あなたもカジュアルな感じの服装で行きます。

できるだけ、相手の雰囲気に合わせます。これだけの配慮で、交渉の場のムードが全然違います。

ただし、実際には相手がどんな服装で来るのかわからないケースも多いでしょう。もしそれがビジネスの交渉なら、やはりスーツを着ていった方が無難です。

こんな話があります。ある人が、外資系の企業の面接を受けることになりました。そこで、外資系企業に勤める友人にアドバイスを求めました。

すると、面接時の服装について、三つのアドバイスをくれたそうです。
①面接会社のパンフレットを取り寄せろ
②それを見て、社長の服装の真似をしろ
③外資系企業に勤めている、服装のセンスの良い女性のアドバイスを受けろ
作戦は完璧でした（特に三番目が効いたそうです）。見事一発合格！　本番では、自信を持って面接を受けることができたそうです。

ここでも「ＬＩＫＥ＝ＬＩＫＥ」の法則が、見事に実証されました。

あなたのイメージを売り込め！

古代ローマの英雄シーザー（カエサル）の軍隊は最強でした。

その大きな要因の一つは、カエサルの軍隊の制服（ユニフォーム）でした。物凄くお洒落だったそうです。それに憧れてたくさんの兵士が集まりました。

寒い国で戦う時には、色鮮やかなスカーフを巻きました。後のネクタイの原型といわれ

ています。

「シーザーの軍隊のユニフォーム＝選ばれし勇者」というイメージがあったのです。女子中学生が、ある高校の制服に憧れて受験するのに似ています。

私がイタリアのローマにあるバチカン市国に行った時のお話です。入り口に、スイス人の衛兵（門番）が二人立っていました。明るい色調の制服は、威厳と伝統を感じさせます。デザインしたのは、イタリア・ルネッサンス期の巨匠ミケランジェロです。時代を超えて〝凛〟としたイメージが伝わってきます。勇壮なバチカンの建物と見事にマッチングしていました。

＊

私は、セミナーの講師をしています。人前で話す仕事です。毎日たくさんの人に見られます。

服装にはお金をかけます。スーツは、すべてオーダーメイドです。見た目がスッキリとするような感じのスーツに仕立ててもらいます。私自身、気持ちよく仕事ができます。もし、私がヨレヨレのスーツを着て人前で話したらどうでしょうか？　誰も、コミュニケーション教育・指導の専門家とは思わないはずです。

服装を通して、私は「講師」というイメージを売り込んでいるのです。

服を買いそろえる際に最も効率的な方法は、あなたと同じ業界で成功している人、理想の人、感性が似ている人の服装を真似ることです。そして、可能であればその人から直接アドバイスをもらいましょう。

服装には、多少お金をかけてください。近い将来、何倍にもなって返ってきます。

3 案外見られている「小物」

少しの気遣いで、相手に与える印象がガラリと変わる

小物とは、靴、ベルト、ネクタイ、スカーフ、アクセサリー、腕時計、カバン、名刺入れ、手帳、ペンなどです。少し高級感があるものを身に付けたいものです。

特に、靴には気をつけてください。「足元を見る」という慣用句がありますが、実際に足元はかなり見られているのです。老舗の女将は、靴を見れば、その人の大体の社会的地位がわかるそうです。

男性の場合、案外気がついていないのはベルトです。ベルトは、できるだけ新しいものをします。本当にできる人は、ベルトにさり気なく気を遣っています。質屋（今は少なくなりましたが）の親父さんは、その人のベルトと靴を見て、貸す金額を決めていたそうで

す。

それから、本当にお洒落な人は、スーツの下のワイシャツにお金をかけています。身体に合ったシャツは気持ちのよいものです。

手帳、ペンも、少しいいものを使いましょう。それだけで、相手に与える印象が全然違うものになります。

交渉に行く前に、持ち物チェック！

交渉に行く前に、服装や持ち物をチェックしましょう。

- スーツ（ズボンの折り目は大丈夫ですか?）
- シャツ（ちゃんとアイロンがかかっていますか?）
- ネクタイ（シワはついていませんか?）
- 靴（きれいに磨いてありますか?）
- ベルト
- アクセサリー
- 時計
- ハンカチ＆ティッシュ

●服装＆持ち物も立派な交渉道具●

人は「見かけ」で判断する

服装・小物にはある程度お金をかける

⬇

近い将来，何倍にもなって返ってくる！

●名刺入れ（名刺は十分入っていますか？）
●手帳＆ペン
●（雨の日には）傘

それから、些細なことですが、次のこともチェックしましょう。

●髪型はきちんとしていますか？
●ヒゲはきちんと剃ってありますか？
●鼻毛が出ていませんか？
●歯はきちんと磨いてありますか？
●口臭は大丈夫ですか？
●香水は強過ぎませんか？（微香系がベスト）
●交渉中、携帯電話は電源オフかマナーモードに！

これらは案外軽視しがちですが、気をつけたいものです。特にタバコを吸う方、「口臭」には気をつけてください。

Point

「人間は中身が大切」と言うけれど，結局，

人は「見た目」で相手を判断する

相手に合わせた服装がベスト！

「ＬＩＫＥ＝ＬＩＫＥ」の法則
（人間は，似ている人に好意を持つ）

服装を通して自分のイメージを売り込む

案外見られている小物

靴・ベルト・ネクタイ・アクセサリー
腕時計・名刺入れ・手帳・ペン　etc.

↓

少しの気遣いで，
相手に与える印象が劇的に変わる

5 言い方次第でこんなに変わる!

1 人は「事実」より「言葉」に反応する

あるセミナーでの出来事

ある広告代理店で、プレゼンテーションセミナーを行った時のことです。初日の最後に、業務改善についての一分間の発表がありました。

当時主流だった、OHP(オーバーヘッドプロジェクター)を使っての発表でした。

まず、文章で問題点を書き出し、それをイラスト化します。次にカラーマーカーでフィルムに写し、それをスクリーンに映し出します。

三十代前半の女性が発表しました。私は、いつものように、受講生に感想を聞いていきます。四十代の管理職の男性に感想を聞いた時のことです。いきなり、

「お前、絵が下手だな! もっとちゃんと描けよ!」

その瞬間でした。彼女はワッと泣き出し、外に出ていきました。そして、二度と戻ってきませんでした。管理職の男性は、バツが悪そうに下を向いています。クラスの雰囲気は、ドンヨリとしたまま、元には戻りませんでした。

若かった私は、呆然とこの光景を見ていました。

彼女は、決して絵が下手ではありませんでした。むしろうまい方でした。

●事実=絵が下手ではない

●言葉=お前、絵が下手だな!

本来ならば、

「私は絵が下手ではありませんよ」

と、冷静にニッコリ笑って言えればよいのですが、人間は感情の動物です。「言葉」に反応して、感情的になってしまうのです。

交渉も同じです。言葉をどう使うかによって、交渉の行方が決まります。

ものは言いよう

中国の三国志の時代のお話です。魏・呉・蜀の三つの国が、しのぎを削っていました。魏の曹操、呉の孫権、蜀の劉備玄徳、三人の英傑が天下取りを目指したのです。

その中の曹操は、「乱世の奸雄」と呼ばれました。諸葛孔明を軍師とした劉備玄徳の方が人気があるようですが、曹操はかなりの人物でした。彼は、常に部下の能力を信じました。ミスをしても、必ず挽回のチャンスを与えました。度量が大きかったのです。

戦は、勝ったり負けたりです。ある戦いで、曹操は全滅に近い打撃を受けました。勝ち戦はよいのですが、負け戦はみじめなものです。

追っ手が来ます。魏軍の兵士はクタクタで、今にも倒れそうです。暑い中での行軍は体力を使います。頭ももうろうとします。

水が底を尽いてきました。水なしでは、人間は生きていけません。

「もう駄目です！　限界です！」

部下が泣きついてきます。その時、曹操は力を込めてこう言い放ちます。

「諸君、あの山の向こうに梅の木と水がある！　もう少しの辛抱だ！」

それを聞いて、兵士たちの喉の渇きが収まりました。「梅」という言葉に反応したのです。見事な曹操の知略でした。まさに、「ものは言いよう」です。

人は経験にもとづいて動く

私は、二十歳の時にアメリカ一周の独り旅をしました。

「アメリパス」というバスの周遊券を使いました。ロサンゼルスからニューヨークを回り帰ってくる一カ月の旅です。バスに一日平均八時間ぐらい乗りました。

次の話は、ロサンゼルスからサンフランシスコへ向かうバスの中での出来事です。

私は、グレイハウンドという大陸横断バスに乗り、一番前の席に座りました。バスのシートは、日本のバスと比べて広く、ゆったりしています。リクライニングも十分です。

いつものごとく、荷物を隣りの席に置きました。理由の一つは、単に席が空いていたこと。もう一つの理由は、正直、隣りに誰も来ないでほしい、ということでした。何といっても、英語が話せません。

ある町でバスが停まり、お客さんがドンドン乗ってきました。一人のお婆さんと目が合いました。

「隣りに来たら困るなあ……」

と思ったのですが、危惧した通り、お婆さんが隣りに座りました。さらに運が悪いことに、おしゃべりが止まりません。五時間もです！　さすがの私も、疲れてしまいました。

「何とかしなくては……」

私の頭が、フル回転し始めました。困った時には、人間知恵が出ます。

「そうだ、梅干しがある！　これを食べさせたら、黙ってくれるかもしれない」

私は梅干しをバッグから出しました。そして片言の英語で、

「これは梅干しといいます。とても高価なものです。めったに食べられません」

と言って、お婆さんに差し出しました。

お婆さんは、嬉しそうにニコニコ笑って、

「オー、ボーイ、サンキュー！」

と言って、梅干しをパクッと口の中に入れました。

その瞬間、何ともいえない表情になり、顔がゆがみました。

「お味はどうですか？」

「グッド……」

「もう一個どうですか？」

「ノー」

その瞬間から、お婆さんのおしゃべりが止まりました。作戦は大成功です。

ここで得た教訓は二つあります。

一番目は、人間は経験のないことについては判断できないということ、過去の経験、体

験によって行動するということです。日本人は、「梅干し＝すっぱい」ということを知っています。お婆さんには、初めての経験でした。もし、梅干しを食べた経験があれば、すかさず「ノー」と言ったかもしれません。

もう一つのポイントは、人間の感情（喜怒哀楽）は、万国共通だということです。「とても高価なものです」と言われて受け取った時の喜びの感情と、実際に食べた後の不機嫌な感情は、どの国の人にも共通するものでしょう。

まとめます。

①人間は「事実」よりも「言葉」に反応する

②人間は感情の動物。感情（喜怒哀楽）は万国共通。

ここからは、言葉と感情をどうコントロールしていくかについてお話しします。

2 言いたいことを的確に伝える技術

交渉の典型的な二つのタイプ

ある会社での風景です。あなたは、仮に山口さんだとします。

終業時間が近づいています。あなたは、そろそろ帰ろうと思っています。すると、突然上司の部長から仕事を頼まれました。この部長は、いつも人に仕事を振ります。あなたは、自分の仕事で手一杯です。

「山口君、悪いけど、この仕事やってくれないかな?」

【反応①】

「はい、わかりました」と答え、言いたいことを抑えて黙々と仕事をする。

【反応②】

「部長、お言葉ですが、私は忙しいんです。他の人に振ってください。いつも私ばかりに、押し付けじゃないですか!」と反論する。

*

これは、職場でよくありそうな光景です。典型的な対処方法は、この二つです。①は服従的、②は攻撃的です。

服従的な態度は、一見穏便に事が済んだように見えますが、言いたいことが言えず、ストレスがたまります。逆に攻撃的な態度は、相手から反撃される可能性が大です。

アサーション(アサーティブ)とは?

ここにもう一つの方法があります。「アサーション」というものです。これは、「言いたいことを、言いたい時に、言いたい相手に伝える」という方法です。

アサーション（assertion）は本来「主張」という意味ですが、ただ単に言いたいことを言うという感じではありません。「相手の立場も考えつつ、冷静に自分の意見を主張する」ということです。アサーションは名詞、形容詞ではアサーティブです。

先ほどの例を、アサーティブな言い方に直してみます。

「部長、実は今、私は自分の仕事で手一杯です。他のスタッフにも声をかけていただき、手伝ってもらえると大変ありがたいのですが」

これであなたの仕事はかなり減り、楽になるはずです。

アサーティブな言い方を練習してみましょう。それぞれの質問の解答例を後に掲載しています。

【質問①】

あなたは、イベント会社の社員です。次のイベントに向けた会議の日程がリーダーから発表されました。ところが、あなたはすでに予定が入っています。その会議には、ぜひ出席したいと考えているのですが……。

こんな時、あなたはどう発言しますか？

【質問②】

あなたは週一回楽しみにしているテレビを観ています。友人のA君から電話がかかってきました。A君はいい人ですが、しゃべり出したら止まりません。

「もしもし、Aだけど。元気？　あのさあ、聞いてくれる？　ウチの社長なんだけど、わかってないいんだよね。典型的なKYでさあ……」

今夜もまた長くなりそうです。

こんな時、あなたは相手に何と言いますか？

【質問③】会社に横柄な先輩がいます。いつも命令形です。人のあら探しをするのが得意です。あなたは最近新しく始めた仕事で、勝手がわからずにミスをしました。

「鈴木、またミスしたな！　三回目だろ！　いい加減に覚えろよな！　本当にお前はトロイな」

あなたはどう対応しますか？

【質問④】

あなたは、得意先からパーティに誘われました。残念なことに先約が入っています。断るにしても、せっかく築いた先方との人間関係を壊したくありません。

「もしもし、山口さんですか？　実は今週の金曜日にパーティがあるのですが、参加されませんか？」

●アサーティブな対応を心がける●

例：大量の仕事を押しつけられた場合……

①服従的
「はい，わかりました」と素直に答え，黙々と仕事をこなしていく

仕事もストレスもためこんでしまう

②攻撃的
「何で僕ばっかり……押しつけじゃないですか」と反論する

相手を感情的にさせ，反撃される

③アサーティブ
「自分も忙しいので，他のメンバーと力を合わせてやらせてください」と冷静に主張する

無理をすることなく，仕事も早く進む

あなたはどう答えますか？

【質問⑤】

新幹線の中で、隣りの席の二人が大きな声で話しています。あなたは、仕事で疲れていて、ゆっくり休みたいと考えています。

あなたは何と声をかけますか？

【質問⑥】

社内での会議が終わり、同僚と居酒屋に行きました。すると、会議出席者のB君のことを、同僚が批判し始めました。

「山口君、B君のことをどう思う？　ひどいと思わない？　完璧なKYだしさ。大体わかってないいんだよね！」

興奮して、話が終わりそうにありません。

こんな時、あなたは何と言いますか？

＊

【解答例】

①「あいにく私は、その日は都合が悪いんです。でも、会議にはぜひ参加したいと考えています。来週の火曜日か水曜日であれば参加できるのですが、皆さんのご都合はい

かがでしょうか？」

②「ごめん！　今、大好きな番組を観てるんだ。一時間で終わるから、終わったら僕から電話するよ！」

③「先輩、ミスをしてすみません。ただ、そのような言い方をされると、何も言えなくなります。もう少し、普通の言い方をしていただけませんか？」

④「お誘いありがとうございます！　ぜひ出席したいのですが、あいにく先約が入っております。次回は必ず参加したいと思いますので、また声をかけていただければありがたいです！」

⑤（ニッコリ微笑んで、人差し指を口の前に持ってきて「シー」のポーズをとりながら）「すみません。休みたいので、もう少し静かにしていただけませんか？」

⑥「確かにそういう一面もあるかもしれないね。ただ、僕の知っているB君は、いいところもいっぱいあるよ。気づいた点があったら、本人に直接アドバイスしてあげようよ！」

＊

いかがでしょうか？　アサーションという考え方を理解していただけましたか？　交渉の現場でも、かなり使えそうです。

アサーションの注意点

①アサーションは万能ではない

アサーションは、あくまでもコミュニケーションの中の一つの考え方です。信頼関係がすでに出来上がっている時には、普通の会話の方が違和感がありません。これを日常生活で使い過ぎると、会話がギクシャクします。「あくまでも自然に」が大切です。

ただ、交渉の場面では幅広く応用できます。攻撃的、服従的態度の中に、少しアサーションという考え方を入れてみてください。

②アサーションは、言葉だけではない。

アサーションには、言葉だけではなく、非言語（言葉以外のメッセージ＝態度、姿勢、身振り手振り、外見、視線）も含まれます。

つまり、その時の姿勢、視線やボディランゲージの仕方によっても、相手に伝わるメッセージは違ってきます。ＴＰＯに応じて、変化を持たせてください。

3　さらに一歩進んで、説得力を増す方法

具体的かつ短い文章の連続で！

さらにもう一段階説得力を出すために、次の二点を意識しましょう。

①人を説得する時には短い文章の連続で！

②要請事項は具体的に！

まず一番目のポイントですが、文章はできるだけ短い方がベターです。どんなにいい内容のことでも、ダラダラと話されると焦点がボケます。さらに、言い訳がましくなります。二番目のポイントですが、要請事項がはっきりしていると、相手も判断がしやすくなります。

私は、東京の品川に住んでいます。よく新幹線を利用します。ある日、品川から新大阪までのチケットを買いに「みどりの窓口」に行きました。

「のぞみ45号で、新大阪、指定の禁煙、通路席でお願いします」

いつものように言いました。

対応してくれたのは、二十代前半の笑顔が似合う女性でした。

「お客様、あいにくその便は満席でございます。ただ、その十五分後にのぞみ15号が出ます。到着時間は十分ほどしか変わりません。それでしたらお取りできますが、いかがいたしましょうか？」

素晴らしい対応です。要請事項が具体的であれば、多くの場合、相手も的確に答えてくれます。私は気持ち良く、のぞみ15号で新大阪へ出かけました。

"YOU"メッセージと"I"メッセージ

相手を説得する時には、話の流れにも気をつけなければなりません。
①明らかな事実を述べる（相手が「はい」と言える事柄から入る）
②自分の意見を述べる（私は○○だと思う）
③提案する（要請事項は具体的に！）もしくは質問する
この三つのステップを踏むことにより、かなり説得力が増します。ぜひ試してみてください。

一つ具体例を挙げます。あなたは新入社員である坂本君の上司です。彼は短期間に三回も遅刻してしまいました。あなたは上司として注意をしなければなりません。

よくある注意の仕方は、

「坂本君、何で遅刻するんだ。三回目だろう。やる気はあるのか？　君は仕事もだらしないけど、私生活も乱れてるんじゃないの？　ちゃんとやってくれなきゃ困るんだよね」

という感じです。これでは、坂本君は完全にやる気を失います。次の例を見てください。

「坂本君、君は確か今回で三回目の遅刻だよね。私は、やはり職場には遅刻しない方がいいと思うけど……。ところで君、最近、何時頃寝てる？」

この言い方だと、坂本君は救われます。素直な気持ちにもなれるでしょう。

「すみません。引っ越しをしたばかりで、時間が読めなくて……。今後は気をつけます」

などと、自分の現在の状況を上司に伝えることもできます。

前者の言い方を〝YOU〟メッセージ、後者の言い方を〝I〟メッセージといいます。

〝YOU〟メッセージ……「あなたは○○だ」

〝I〟メッセージ………「私は○○だと思う」

相手を注意する時のポイントは三つあります。
①相手に逃げ道を残しておく
②相手に気づかせる
③できるだけ〝I〟メッセージで！
注意をする際以外にも、言いにくいことを相手に伝える場合には、

「これはあくまで私の個人的な考えですが……」

「間違っているかもしれませんが、私は個人的にこう思います」

と付け加えるだけで、相手に与える印象、説得力が全然違います。

Point

説得力を増すための言い方とは？

「アサーティブ」な発言を心がける

相手の立場も考えつつ，冷静に自分の意見を主張する

↓

自分も相手も大切にするコミュニケーション

具体的かつ短い文章の連続で！

“ＹＯＵ”メッセージではなく，
“Ｉ”メッセージで！

- “ＹＯＵ”メッセージ……「あなたは○○だ」
- “Ｉ”メッセージ…………「私は○○だと思う」

6 「聴く」技術が交渉を成功に導く

1 人は、自分のことで精一杯

人は、自分に一番興味がある

「人って自分のことばっかり考えているんだね！」

友達が、ため息混じりに言いました。

「どうしたの？」

ある日の朝の出来事です。彼は、会社の企画会議のプレゼンのことで頭が一杯だったそうです。家族四人、自宅で朝食をとっていました。

食卓に鏡を置いて化粧をしている奥さんに、

「今日、プレゼンがあるんだけど、この企画書どう思う?」

と聞いたそうです。奥さんはパラパラと見て、ひと言、

「いいんじゃないの。それにしても、今日は化粧のノリが悪いわ……」

と興味がなさそうに言いました。

高校二年生の長男は、

「あと三日で期末試験か。早く終わらないかなあ……」

中学一年の娘は、

「初めてのテニスの試合、大丈夫かなあ……」

結局、彼は誰にも相手にされませんでした。

そうです！　みんな自分のことで、精一杯なのです。

人は、話すことによって癒される

- 自分だけは、もう少しお金が欲しい
- 自分だけは、もう少し休みが欲しい
- 自分だけは、もっと注目されたい

●自分だけは、もっと美味しいものが食べたい
●自分だけは……
キリがありません。

あなたが友達と旅行に行ったとします。記念写真を撮ります。

「はい、チーズ！」

写真ができあがってきました。さて、イの一番に探す人物は誰でしょうか？

間違いなく「自分」です。自分が一番可愛いのです。みんなそうです。

『人を動かす』『道は開ける』などのベストセラーで知られ、人間関係の大家であるデール・カーネギーのエピソードがあります。

カーネギーは、スピーチの名手としても有名でした。

あるパーティに招かれた時のことです。一人の婦人が近寄ってきました。

「あら、かの有名なカーネギー先生じゃありませんか。先生はスピーチの名人だそうですね。私にも教えてくださいませんか？」

「それよりも奥様、先日、アフリカに行かれたそうですね」

「ええ！　猛獣狩りに行きましたのよ！」

「猛獣狩りですか？　その時のことを教えてください」

「平原の中をトラックで走っていると、一匹のライオンが襲ってきましたの！」

「すごい体験ですね！　怖かったでしょう？」

「驚いたの何のって、言葉に言い表せません！」

婦人は興奮気味にしゃべり続けます。話は留まるところを知りません。延々と続きます。

その時です。パーティの始まりを告げるチャイムが鳴りました。

婦人はニッコリ微笑んで、ひと言、

「さすがはスピーチの大先生ですね！」

と言いました。

＊

ここでは二つのポイントがあります。
①人は、自分のことを話したい
②人は、話を聴いてくれる人に好意を持つ
そうです！　人は、話すことによって癒されるのです。

つまり、交渉の場においても、相手の言い分をしっかりと聴いてあげることが、重要なカギになります。

2 聴き方の五大ルール

「聴き方の五大ルール」というものがあります。それは次の五点です。

①うなずく（身を乗り出して）
②あいづちを打つ（少し感情を込めて）
③相手の目を見る
④質問を挟む
⑤メモをとる

簡単に解説を加えていきましょう。

まず一番目の「うなずく」ですが、相手がうなずいてくれると話しやすいものです。一所懸命話してくれます。聴いていることを態度で表すことが大切です。

二番目は、相手の話に合わせて「あいづちを打つ」ということです。少し感情を込めて、「なるほど」「ほう」などと入れてみてください。相手がノってくれます。

三番目は、専門用語では「アイコンタクト」といいます。視線は説得力の源泉です。相手を信頼しているというメッセージを送るのです。

ただ、一つだけ注意点があります。一対一で、あまりずっと目を見ていると、対決ムードになります。たまに視線を外してみてください。その方がベターです。

四番目は「質問を挟む」です。話し手は、話を聴いてもらえるのはうれしいのですが、一方的に話し続けると疲れてしまいます。

具体例を挙げます。仮に相手の名前を田中さんとしましょう。田中さんはプロ野球がお好きです。

「田中さんはプロ野球がお好きだそうですね」

「そうなんですよ。ビールを飲みながらテレビ観戦するのが、何より楽しみなんです」

「なるほど。僕もそうです。田中さんはどのチームのファンでいらっしゃいますか?」

「ソフトバンクです」

「どの選手がお好きですか?」

「川崎選手です。彼が塁に出ると、チームに勢いがつきますし、いい選手ですよ」

「本当にそうですね。ムードメーカーですしね。他にも好きな選手はいますか?」

「キャッチャーの城島が好きでした。メジャーに行ってしまいましたけど……」

「そうですか。実は私も彼のファンなんですよ。あと、ピッチャーの〝かなめ〟は誰でしょうか?」

●聴き方の五大ルール●

うなずく

あいづちを打つ
（少し感情をこめて）

相手の目を見る

質問を挟む

メモをとる

「杉内、和田あたりじゃないですか。他に斉藤、馬原などもいますし、充実していますよね」

「なるほど。秋山監督の采配はいかがですか？」

「いいと思います。選手の起用もうまいですし」

「ずばり、今年の目標は？」

「もちろん日本一です」

こんな感じです。質問を効果的に挟むことにより、会話がスムーズに流れていきます。ただ、一つだけ注意事項があります。それは、相手が答えられる質問をするということです。今の会話で唐突に、

「ところで、サッカーの岡田監督の采配について、どう思われますか？」

と振られたら、たぶん話の流れが止まってしまいます。会話は言葉の〝キャッチボール〟です。常に相手の反応を見ながら進めてください。

さて、最後は「メモをとる」ということですが、メリットが二つあります。
①相手が喜んでくれる
②書いておけば忘れない
以上の五大ルールを活用することで、交渉相手に気持ちよく話してもらうことができま

す。その結果、いい人間関係を築くことができるのです。

そして、それ以外にも、相手の話を聴くことによって次のようなメリットがあります。

- 知識（情報）が増える
- 相手の人間性がわかる

人の話の中には〝宝物〟がたくさん入っています。それを逃す手はありません。

キーワードは、「しゃべる前に聴け！」です。

3 信頼を勝ち得る「バックトラッキング法」

前述のように、交渉の最中にメモをとることは大切です。加えて、相手に対して確認作業を入れると、さらに信頼性が高まります。

私の友人のKさんは、海外相手のドキュメンタリー番組を制作しています。アメリカ人がビジネスパートナーです。

その打ち合わせに参加したことがあります。時間は一時間ほどでしたが、かなり密度の濃いミーティングでした。特長は、

①メモをとっている

②わからない点は、その場で質問している
③バックトラッキングをしている
という三点です。順番に説明します。

＊

①メモをとっている
打ち合わせの最中に、しっかりメモをとっています。しかも、そのメモを机の上に広げ、他の人にも見えるように配慮しています。重要なポイントは色分けをして強調しています。そしてメモをとっている時以外は、真剣に相手の目を見ています。
②わからない点は、その場で質問している
わからないことがあったら、その場で質問しています。特に役割分担に関しては明確にします。曖昧さを残しません。
③バックトラッキングをしている
「バックトラッキング」とは、「要約して繰り返す」ことです。その時は、こんな感じでした。

「それでは、今日のミーティングのまとめをしよう。ポイントは三つだね。一番目は……。二番目は……。三番目は……。以上三点で間違いないかな？」

ＯＫが出ると、

「次のミーティングは○月○日○時からここでやろう。議題は○○。不明な点は、事前にお互いにメールをしよう」

会議全体が、とてもスピーディです。無駄がありません。しかも、予定通りピッタリ一時間で終わりました。

バックトラッキングは、いろいろなところで応用されています。ファミリーレストランでよく聞く、

「ご注文の品物を確認させていただきます。カツカレーが一つ、アイスコーヒーが一つ、オレンジジュースが一つ……以上でよろしいでしょうか？」

というセリフも、バックトラッキングの一種です。

これを実践することにより、相手からの信頼性は確実にアップします。

4 両者の意見を聴く

「幸一、人の話は両方聴かないとわからないぞ！」

私の父が生前によく言っていた言葉です。「お互いに言い分があるから」というのがそ

の理由です。

交渉に限らず、私たちは片方の情報だけで判断するケースがほとんどです。

建築の工事現場は、ある意味〝戦場〟です。工期があり、期限が決まっています。段取りよく仕事をやらないと、間に合いません。

現場には、不特定多数の人間が出入りします。長雨が降ったり、段取りの手違いがあったりすると、みんなイライラしてきて、たまに現場の中で言い争いが起きます。

Aさん（大抵は職人の頭です）が、社長である私の父のところにやって来ます。

「社長、現場がうまくいかないのは、Bさんの段取りがよくないからだ」

父は黙ってAさんの言い分に耳を傾けます。

今度はBさんがやって来ます。

「社長、現場がどうもうまくいかない！　どうやらAさんが原因のようだ」

今度も黙って耳を傾けています。

両人の言い分をしっかり聴いた後、二人を呼んで（たまに別々に呼ぶこともありましたが）的確に指示をしていました。

最後に、

「責任は俺が持つ。あんたに頼むと間違いないからな。頼むな！」

不思議なことに、その直後から現場がスムーズに流れ始めます。まるでマジックです。もう一つ、私の父が徹底していたことがあります。「ここだけの話」は、決して他の人には言いませんでした。口が堅かったのです。誰もが安心して父のところに相談にやって来ました。人間関係も豊かでした。

秘密を守ることにより、

①信頼を勝ち得ることができる

②友達（知人）が増える

この二つのメリットがあります。

「相手の立場（意見）を尊重する」という態度は、常に大切です。

Point

「聴く」技術が交渉を成功に導く

聴き方の五大ルール

①うなずく
②あいづちを打つ
③相手の目を見る
④質問を挟む
⑤メモをとる

↓

相手は気持ち良く話すことができる

バックトラッキング法

［相手が言ったことを要約して繰り返す（確認する）］

↓

相手からの信頼度が確実にアップする

7 交渉は「情報」が決め手！

1 情報の力は計り知れない

交渉は、段取り八分、実行二分

交渉において、情報力のある方が圧倒的に有利です。情報を得るには、主に二つの方法があります。

①事前に調べておく
②交渉の場で相手に質問をして得る

まず一つめですが、事前にできるだけ相手のことを調べておくことが大切です。

●相手の会社のこと
●相手のニーズ
●相手の性格
●相手の価値観&考え方
●業界の動向
交渉は、段取り八分、実行二分です。

そして二つめですが、交渉の最中に質問をしながら、相手の考え、ニーズを把握していきます。ここでは、前の章で紹介した「聴き方の五大ルール」が役に立ちます。

人とのつながりを大切に

やはり、鮮度の高い第一次情報は「人」が持っています。それを得るためには、当然、人とのつながりを大切にしなければなりません。

私の知り合いに、ニューヨークでナンバーワンの不動産会社コーコラン・グループの副社長をされている方がいます。鈴木かつ子さんという日本人女性です。故郷・熊本の大先輩です。素晴らしい感性とバランス感覚をお持ちです。エッセイストの大前伶子さんからご紹介いただきました。

鈴木さんはとにかくチャーミングな方です。そして、とにかくパワフルです。不動産のお仕事に就かれたのは、何と六十歳の時です！　二十年以上経った今も、現役バリバリです。銀座で一緒に食事をさせていただいたことがあるのですが、その食欲とパワーに圧倒されました。

彼女のもとには、世界中から不動産物件の売買に関する情報が集まります。もちろん、彼女自身の手づくりの情報も、キッチリ準備されています。

ニューヨークナンバーワン。言葉を変えると、世界のナンバーワンです。動く金額も半端なものではありません。

ある日のこと、日本からお客様がやって来ました。そこで、食事をしようという話になったそうです。

日本人は、案外見栄を張ります。相手の男性が提案したお店は、ニューヨークで大人気のレストランでした。日本の忍者をテーマにしたお店で、スタッフが忍者のコスチュームに身を包み接客してくれます。料金もかなり高額です。

しかし、彼女はこう言いました。

「家にいらっしゃいませんか？　私がご馳走します！」

……楽しい宴が始まりました。彼女が用意したものは、炊き立てのご飯で作った特製おにぎり、野菜がたくさん入ったお味噌汁、そして自家製のぬかづけでした。

「いやあ、僕はこんな料理を食べたかったんですよ！」

世間話に花が咲きます。仕事の話は、ほとんど出ません。アッという間に時間が過ぎます。

後日、その感動体験を男性が自分のブログに書きました。

するとどうでしょう。その記事を読んだ別のお客様から、物件のオファーがあったそうです。金額は、何と一億円です。

彼女は言います。

「私はご縁を大切にしているの。どこでどうつながるかわからないもの……。それから、常に準備は万全にすること！」

この優しい気配り、おもてなしの心。全世界へ人脈がドンドン広がっていきます。

「成功の秘訣は何ですか？」

私は尋ねました。

「大切なのは〝今〟を精一杯生きること。常に億劫がらずに好奇心を持って動くこと。夢は必ず叶うから……I can do it!」

「いい気持ちになった人は、必ずいい結果を与えてくれる」ということが、ここでも実証されました。

2 情報は、出さないと入ってこない

情報を発信することの意味

時代は変わりました。ほとんどの情報が、ネットを通して手に入ります。ネットビジネスが今後も重要な位置を占めていくことは、間違いありません。

私の友人に木戸一成さんという人がいます。東京・赤坂で「オーディック」というキャスティング会社の社長をされています。

木戸さんの会社では、現在、インターネットを有効に活用されています。電話営業はまったく行いません。しかし、ホームページを見た新規のお客様から、毎日ドンドン問い合わせが来ます。成約率もかなり高く、売り上げも順調に伸びています。

一見、順風満帆に見えますが、人に言えない苦労がありました。以前、あるプロジェクトが暗礁に乗り上げ、五千万円という借金ができたのです。五千万円という金額は、当時の木戸さんにとって、目の前が真っ暗になるようなものでした。

そんな時、二千万円を貸してくれる人が現れました。彼の誠実な人柄、仕事ぶりを評価

してくれる人がいたのです。

これで一息つけたものの、借金は借金です。返さなければなりません。ただ、木戸さんには、

「この試練は、成功するための代償だ。必ずうまくいく！」

という信念がありました。

転機は突然やって来ました。木戸さんはこう話してくれました。

「忘れもしません。二〇〇五年四月七日のことです。東京から大阪、九州への出張がありました。駅に向かう前に会社の近くの本屋に行くと、一冊の本が『僕を選んで！』と手を振っているように感じたんです。

その本は、ネットを活用して『二億の売り上げを十億にする』という内容のものでした。『ホームページを通して、お客様のニーズに合った（欲しい）情報を惜しみなく与えろ！』。これだ！と思いました。新幹線の中で一気に読んでしまいました。目からウロコがポロポロと落ちていきました」

相手が喜ぶ情報を迅速に提供する

すぐに行動するのが、木戸さんのすごいところです。

まずやったことは、ホームページの大幅なリニューアルでした。そして、これまでのプッシュ型の営業ではなく、プル型（お客さんの方から手を挙げてもらう）の営業に変えました。

ホームページのコンセプトは、

- 情報＝広告
- 魅力的であること
- お客さんの喜ぶ情報を満載すること
- 社員のブログを載せること
- 常にホームページを更新すること

結果は、大成功でした。

現在、月のアクセス数が約三十万件あるそうです。ブログへのアクセス数は、一日で三万件ということもあったそうです。「キャスティング会社」でネット検索をすると、イの一番に「オーディック」と出てきます。

木戸さんは言います。

「お客様から問い合わせがあった時点で、立場は同等か、それ以上になります。ですから、自信を持って交渉できます。場合によっては、お断りすることもあります」

ホームページには、さりげなく、

「キャスティングでお困りの際には私どもに真剣にご相談下さい」

と書いてあります。

木戸さんが常に心がけていることが二つあります。
①情報の「共有化」
②情報処理のスピード化
お客様から、キャスティングの依頼があったとします。すると、スタッフ全員が、パソコンに入っている共有データをもとに、一斉にお客様の意向に沿ったタレントの人選に入ります。

「お客様に満足をお届けしたい！」

スタッフの心が一点に集中します。

回答は、問い合わせから十五分後に出ます。たったの十五分です！　お客様は、この対応に大満足です。もちろん、これは木戸さんの長年の実績と、蓄積データのなせるわざです。

「現状には、まだまだ満足していません。経営者は、常にアンテナを張り巡らし、アメーバ型経営をしなくてはなりません。チャレンジにゴールはありません」

ネット社会にもうまく対応していくこの柔軟な発想。ここに、新しい時代の交渉のヒントがあります。

（オーディック・ホームページ　http://www.odik.co.jp）

情報量は会話の量に比例する

入ってくる情報の量は、間違いなく人との会話の量に比例します。

私の尊敬する先輩に、石井隆介さんがいます。蕎麦酒房「千年」のオーナーです。

南北線・白金高輪駅。四番出口のエスカレーターを上ってすぐの所に「千年」はあります。夕方になると、アッという間に満席です。

石井さんは、元日活の俳優さんです。日活時代のお話を聞くと、次のように気さくに話してくれました。

「俺の時代は、映画が全盛期なわけ。（石原）裕次郎さんと一緒の空間の中にいたのよ。カッコいいんだ、これが。甘いマスクに、スラッと伸びた長い足。

俺は、チョイ役の悪役をやっててさ、いつも売れない仲間と飲んだくれていたんだ。

ある時、三日三晩ほぼ徹夜で飲んだら、翌日、おてんとさまが黄色く見えた。そのまま撮影現場に行ったら、監督が喜ぶんだ。

『その顔、最高だな！』

目は落ちくぼんで、目つきが悪く見えるのが大ウケしたわけだ。若さゆえの無茶もしたけど、本当に楽しかった。

裕次郎さんは、一緒に食事したことはなかったけど、若者たちを本当に可愛がってくれた。昭和の大スター。いい思い出だね……」（注・ご本人も、今でもとても素敵な方です）

その後、理容師の世界へ。日本一の理容師を何人も育て、勇退。ちなみに、元F1レーサーの鈴木亜久里さんの髪を、ずっとカットされていたとのことです。今のお店にも、当時の仲間の方がフラッと来られるそうです。

今は、お店のオーナーとして大活躍されています。

「お店、儲かりますね」

「いやあ、大変なんだ。なかなかねえ」

と言いながら、結構楽しそうです。

頭には、趣味のいい帽子。腕には、さりげなくラドーの腕時計が光ります。ものすごくダンディでお洒落です。

石井さんを慕ってお店に来るお客さんが、後を絶ちません。それはなぜか？

惜しげもなく旬の情報と「人」を紹介してくださるからです。私も、その恩恵を受けた一人です。

「俺の人生、だまされてばかり……。けどさ、浜ちゃん、人間が財産なんだよね！　俺、人間大好きだから、結局いい人生なんだと思う」

実は、石井さんにはもう一つ「作詞家」の顔があります。また、白金の街をこよなく愛する住人でもあります。お祭りの実行委員長もされています。

「この前、街をあげて『ホタル祭り』をやったらさあ、六万人も来てくれたんだ」

「六万人ですか⁉」

この時期、人を集めるのは大変です。

「みんな喜んでくれて、本当に嬉しかった！」

この行事は、毎年恒例となっています。

「お父さんは、本当にお人好しなんだから……」

娘さんが、しみじみと言います。スタッフの方もうなずいています。

「俺がこれだけ好き勝手できるのは、家族が協力してくれるから」

と石井さんは常々言っています。

「人が財産」。石井さんの言葉に、生きる勇気を与えられます。

3 「情報」の深い意味とは?

私が個人的に尊敬している和尚さんがいます。

宇治茶で有名な京都の宇治に心華寺という禅寺があります。道場長は、斯波《しば》最誠《さいじょう》さんという方です。とても魅力的な和尚さんです。

私は十八年ほど前に、禅寺研修で初めて斯波さんにお会いしました。法話を聴いて、いっぺんにファンになりました。

斯波さんは山形のご出身です。十九歳の時、かの有名な比叡山延暦寺に入山します。修行がとても厳しいお寺です。

その厳しい修行生活が十年ほど続き、彼に転機が訪れます。当時の心華寺の住職さんにみそめられたのです。その方は女性でした。

「あんた、所作(動作、振る舞い)が綺麗や。ワシは気に入った。どうやろ、ウチの寺を再興してくれへんか?」

スカウトされたのです。斯波さんが二十九歳の時でした。

それから、水を得た魚のように大活躍が始まります。心華寺には活気がみなぎり、この選択はお互いに大正解でした。特に十年間の厳しい修行で培われた斯波さんの法話は、ある時は優しく、またある時は厳しく、聴く人の胸を打ちました。

そんなある日、二人の若い芸人志望の若者が訪ねてきました。

「和尚、ワシらどないしたら売れるんやろ？」

「簡単なことや。名前を呼ばれたら『はい』と返事をして、とっとと動け！」

「どない意味や？」

「使われ上手は、使い上手になれるんやで。つまり、リーダーになれるいうことや」

二人の若者はピンと来ません。そこで斯波さんは黒板に大きくこんな字を書きました。

「情報」

そして二人に聞きました。

「どない意味や？」

「貴重なもの、大切なもの……」

斯波さんの答えは、「情けに報いる」というものでした。

「いいか、人間は自分のために一所懸命尽くしてくれた人に対して恩義を感じ、必ず何とかしてお返ししたいと思うもんや。それが人間や」

一瞬の沈黙が辺りの空気を支配しました。若者の未来に一筋の光明が差したのです。

「ありがとう」

二人は何かをつかんだのです。

それ以後、二人は大きく変わりました。何を言われても「はい」と大きな声で答え、素早く行動しました。すると、どうでしょう。不思議なことに周りが変わり始めました。仕事がドンドンと舞い込んでくるようになりました。

それから、数年の月日が経ちました。二人の若者は、日本を代表する芸人になりました。テレビの司会、バラエティで大活躍です。

最終的には、人は〝情〟で動くのです。

Point

交渉は「情報」が決め手！

事前にできるだけ相手のことを調べる

［
- 相手の会社のこと
- 相手側のニーズ
- 相手の価値観＆考え方
］

交渉の場で質問して情報を得る

［「聴き方の五大ルール」を活用する］

情報＝情けに報いる

［相手が喜ぶ情報を提供すれば，
それに応えて有益な情報をもたらしてくれる］

↓

情報は，出せば出すほど入ってくる

8 交渉の作戦を練る

1 交渉は作戦（プランニング）がすべて！

作戦（プランニング）とは？

「プラン（計画）をしっかり立てると、不思議なことに物事はその方向に行く」

有名な医学者ウィリアム・オスラーの言葉です。

交渉の流れは、

①作戦を立てる

②雰囲気づくり

③交渉（話し合い）
④対立点の調整
⑤交渉成立（契約）
⑥関係の維持

こんな感じになります。「作戦を立てる」というと大げさに聞こえますが、私たちは無意識のうちに、頭の中でプランを考えています。

あなたが車を買うとします。当然、いろいろと考えます。

- メーカーはどこにしようかな？
- 新車と中古車、どっちにしようかな？
- 耐久性、機能性、経済性、どれを優先させようかな？
- キャッシュとローン、どっちにしようかな？
- ローンだったら、何回払いにしようかな？

この考えを紙に書いて整理することが、プランニングです。

一回の面接で夢をつかんだ女性

五年ほど前のことです。夜の十時頃、自宅に若い女性から一本の電話がかかってきました。

「もしもし、浜田さんのお宅ですか？」

「はい、そうです」

「私、由美子（仮名）ですけど……」

私には、心当たりがありません。

「どちらの由美子さんですか？」

よく話を聞いてみると、親しくお付き合いをしている方のお嬢さんでした。何と十年ぶりです。最後に会った時、彼女は小学校五年生でした。

「どうしたの？」

「実は、お願いがあって電話をしました」

「アメリカ行きのこと？」

「そうです！」

ちょっと前に、私は彼女のお母さんとお会いしました。その時に、彼女がアメリカに行きたがっているという情報は得ていました。

彼女の目的はアメリカに留学することです。そのためには、クリアしなければならない問題が一つありました。それは、面接を受けて合格し、奨学金をもらうことです。その面接の受け方を教えてほしいというのです。

私は、次のようにアドバイスしました。

*

いいかい。次の四つの点に気をつけて作戦を練るんだ。
①アメリカに行く理由を明確に（ポイントを三つぐらいに絞る）
②キーマンに訴る（目を見てしっかり）
③ボディランゲージを使う
④リハーサルを十分に行う
まず、「アメリカに行く目的は何ですか?」と聞かれたら、「はい、三つあります」と答えるんだ。

例えば、一つめは「国際社会の共通語である英語をマスターしたい」、二つめは「異文化を吸収したい」、三つめは「日米の架け橋になりたい」といった感じかな。これは自分で考えてみて。

それから、一つひとつについて少し具体的に説明するんだ。「以上三点です。最初の理由ですが……。二つめは……。三つめは……」という感じでね。その時のポイントは、「言葉は短く端的に」ということ。

それから、面接官は三人ぐらいだと思うけど、真ん中の人がキーマン（決定権を持っている人）だと思うから、しっかり彼の目を見て話して。その際、少しジェスチャーを入れた方がいいかな。

最後に、リハーサルをしっかりやるんだ。スラスラと言葉が出てくるように。出だしの四分間が肝心だからね。

＊

それから一カ月後のことです。彼女から電話がかかってきました。

「浜田さん！　合格しました！　驚いたことに、浜田さんの言った通りの質問が出ました。三人の面接官がいて、中央に年配の人が座っていました。私は教えられた通り、その人の目を見て、ジェスチャーを交えながら熱意を込めて話しました。

すると、その人が、ニコニコしながらうなずいて、メモをとっていました。その瞬間、ひょっとしたら合格するかも、と思いました。

浜田さん、本当にありがとうございます！」

その後、彼女は夢であったアメリカ・シアトルへの一年間の留学を果たします。

このように、面接でも、作戦があるのとないのとでは、結果が全然違います。

2 何を、どうプランニングするか？

基本フォーマット「5W1H」

私が交渉の作戦を立てる際によく使うのは、「5W1H」です。5W1Hとは、次のようなものです。

①When　いつ
②Where　どこで
③Who　誰と
④What　何を
⑤Why　なぜ　※いつまでに（By when）
⑥How　どのように　※どうする

この5W1Hは、文章を構成する際の基本的な考え方としてよく用いられるものです。ここでは、⑤の「なぜ」を「いつまでに」、⑥の「どのように」を「どうする」に変えて使います。

具体例を挙げます。

私はよくセミナーの打ち合わせに行きます。事前に営業担当者から相手の予定、要望を聞いておきます。それをもとに、次のようなフォームを作ります。

①いつ…………五月八日午後三時
②どこで………渋谷のA工務店本社
③誰と…………総務課長Bさん
④何を…………八月七日のリーダーシップセミナー（中堅）について
⑤いつまでに…七月七日までに
⑥どうする……内容と実施方法を決める

これが作戦を立てる際の基本的なフォーマットになります。ここに、交渉の期日までに入手できた情報や、自分の考えなどを加えていきます。ここでいう情報とは、第七章で触れたように、相手の会社の動向、ニーズなどです。さらに、交渉相手の性格や考え方、服装などがわかれば、それに応じた対策を練ることができます。

この際、大切なのは「必ず紙に書く」ということです。書いておくことにより、

- 忘れない
- 交渉の全体像がわかる
- 感情のコントロールができる

というメリットがあります。特に三番目は重要なポイントです。交渉はいつも、いい雰囲気で進むとは限りません。テンション（緊張）が高まることもあります。その時にメモがあれば、案外冷静に対処できます。

目的・目標を明確化する

ここでは、先ほどの「5W1H」のうち、「どうする」の部分について、さらに詳しく説明します。

一番重要なのは、こちら側の目的・目標をはっきりさせておくことです。次の三つのステップで設定します。

①交渉の目的を決める
②交渉項目を明確にする
③それぞれの項目について目標を設定する

例を挙げます。

あなたは、会社で購買担当（買い手）だとします。新しいコンピューターの購入を上司から任されました。

ここでの目的は当然、「コンピューターを適正価格で購入すること」です。

次に、具体的な交渉項目を明確化します。この例の場合、

●価格
●支払い条件
●納期
●保障期間
●配送費

などが考えられます。

続けて、それぞれの項目について、こちら側が目標とする数値や条件を設定します。例えば、次のような感じです。

●価格………百万円
●支払い条件…契約時に一五パーセントを現金で、残りを納品時に現金で
●納期………三カ月後
●保障期間……二年
●配送費………実費

対立点・妥協点を予測する

自分の目的・目標がはっきりしたら、次は相手の出方をある程度予測しておきます。そのためにも、事前に相手の情報をできるだけ集めることが大切です。

また、交渉の場で、より具体的な相手のニーズ、考えを知るための質問事項も前もってリストアップしておきましょう。その場で考えても間に合いません。質問の優先順位もつけておくとよいでしょう。

さらに、こちら側の要求と、予想される相手側の要求を突き合わせ、対立しそうな点、妥協点についても考えておきましょう。対立した場合に有効な方法については、次の九章で詳しく説明しています。

3 初頭要求は大きく!

交渉は相手がいます。言い値ではなかなか決まりません。そこで、作戦を立てる際には、あらかじめ譲歩することを考慮して、初頭要求(交渉相手に最初に提示する要求)を大きく設定しておくことがポイントです。

欧米では、初めに目標の八倍の額を要求するそうです。例えば、事故に遭い、その損害金額が百万円だったとすると、相手に八百万を要求するわけです。そして、徐々に譲歩していきます。少なくとも、百万円以上にはなるはずです。

K社は有名なお寿司屋さんを経営しています。S社はその仕入先です。あるテレビ番組で、K社のバイヤーによるマグロの買い付けの様子が放送されていました。バイヤーの役目は、いいものをできるだけ安く購入することです。通常の取引価格は、一キロ当たり三千円です。

三人の男性バイヤー（三十代後半）が交渉をしています。価格、色合い、解凍状態、弾力性、ツヤ……かなりの検討項目があります。

三人はいくつかの質問をしました。会話も弾んでいます。その時、一人のバイヤーが、

「千円でどうですか？」

と言いました。市場価格の三分の一です。

S社の担当者はすかさず、

「K社さん、この話はなかったことにしましょう！」

と答えました。S社の担当者は苦笑いをしています。その後、お互いが譲歩するかたちで商談が進み、結局、一キロ当たり一六〇〇円、キャッシュ（現金）で支払い、と決まりました。ものの割にはかなり安い金額です。

もしも初頭要求を二千円にしていたら、一六〇〇円という数字は絶対に出てきません。

●初頭要求は大きく！●

例：通常100万円の商品をできるだけ安く買いたい

60万円で
売ってください
それは
無理ですよ

80万円の現金払いで交渉成立！

［この場合，もし初頭要求が**90万円**だったら，
80万円という金額は絶対に出てこない］

K社のメリット……安くて品質のいいものが手に入った
S社のメリット……お金が現金で入った（資金繰りが楽になる）
お互いにWIN／WINの交渉が成立しました。

＊

話を先ほどのコンピューター購入の例に戻します。

「初頭要求は大きく」のルールに従い、初頭要求の数値を決めてみましょう。（　）内が初頭要求です。

●価格……百万円（七十万円）
●支払い条件…契約時に一五パーセントを現金で、残りを納品時に現金で（納品時に三カ月手形で）
●納期……三カ月後（二カ月後）
●保障期間……二年（三年）
●配送費……実費（相手の負担）

いかがでしょう。価格も三十万円の譲歩の幅があります。つまり七十万円から百万円の範囲で収まればよいわけです。その他の条件にも幅があります。

この「初頭要求は大きく」のルールは、もちろん「売り手」側が使うこともできます。

譲歩の幅は、電車の連結部分みたいなものです。これがあることによりカーブがスムーズに曲がれます。車のハンドルの〝遊び〟のようなものといってもよいでしょう。

この「幅」があることにより、自信を持って交渉をコントロールすることができます。

ただし一つご用心を。「初頭要求は大きく」が鉄則ですが、「常識の範囲内で」ということも鉄則です。

4 交渉は〝ホームグラウンド〟で！

交渉の場は、できれば自分のホームグラウンド（会社、事務所）に設定したいものです。

交渉をホームグラウンドで行うことのメリットは二つあります。
①慣れている
②援軍を頼みやすい
まず一番目のポイントです。サッカーの試合などでも、ホームとアウェイでは戦績が全然違います。観客の声援が大きな力になりますし、何よりそのグラウンドの特徴やクセ、戦い方を熟知している方が有利なのは当然です。

二〇〇三年のプロ野球の日本シリーズでのことです。阪神タイガースとダイエーホークス（当時）の対決です。第三戦目までは福岡ドーム（当時）で、ダイエーが三連勝しました。第四ー第六戦は甲子園で、今度は阪神が三連勝。最後の第七戦は福岡ドームに戻り、ダイエーが勝って日本一に輝きました。また、国体でも、よく開催県が優勝します。

交渉も同じです。ホームグラウンドで交渉することにより、準備万端の状態で望めます。安心感も違います。

二番目のポイントは、交渉において「数は力なり！」ということです。特に、相手に対して弱い立場にある場合は有効です。

同僚、先輩、上司などに交渉の場に同席してもらうことができます。数で相手を圧倒し、プレッシャーをかけることができます。また、自分の知識や経験の足りない部分を、他の人に補ってもらうことも可能です。

ただ、いつでも自分のホームグラウンドで行うというわけにはいきません。相手の会社に出向かなければならないことも多々あります。

その場合でも、心配は無用です。この本に書かれている交渉術をもってすれば、よい結果を勝ちとることが可能です。

次の章では、実際の交渉現場で効果的なテクニックについてご紹介します。

Point

交渉は作戦がすべて！

「5W1H」で作戦を立てる

［いつ・どこで・誰と・何を・いつまでに・どうする］

目的・目標を明確化する

①交渉の目的を決める
②交渉項目を明確にする
③それぞれの項目について具体的な目標（数値，条件など）を設定する

初頭要求は大きく！

譲歩の幅を設けておけば，自信を持って交渉をコントロールすることができる

交渉の場は，できれば“ホームグラウンド”に設定する

- 準備万端の状態で望める
- 援軍を頼みやすい（数は力なり！）

9 現場で即使える基本テクニック

1 「数字」を有効に使う

特に価格交渉などにおいては、数字を具体的に出すことが鉄則です。「まけてください！」では相手に伝わりません。「二割まけてください！」の方が伝わります（受け入れられるかどうかは別ですが）。

数字を出す時のコツは、次の二点です。

①比較対象となるデータを出す

②「置き換え」を利用する

これらのポイントを押さえることで、説得力が倍増します。

それぞれ、わかりやすい例を挙げてみましょう。

＊

①比較対象となるデータを出す
「私どもの会社は、すごく伸びています！」

これではピンときません。ここに数字を入れます。

「私どもの会社は、去年と比べて経常利益が一〇パーセントアップしました！」

さらに、比較対象となるデータを入れます。

「私どもの会社は、去年と比べて経常利益が一〇パーセントアップしました！　業界の平均は三パーセントです」

どうでしょう？　かなり説得力が増します。

②「置き換え」を利用する
ラジオのアナウンサーは、このやり方を徹底的に鍛えられます。マラソン中継などで、よく次のようなやりとりを耳にします。

「第二放送車の山本さん、現在、トップ集団と第二集団は、どのくらいの差がついていますか？」

「そうですね……約二〇〇メートルぐらいの差です」

「ということは、大体三十秒から四十秒の差がついているということですね」

「はい、現在三十六秒差です」

現場の状況がハッキリとつかめます。

もう一つ具体例を挙げましょう。

「私どもの工場は、ものすごく大きな敷地です！」

とだけ言われても、あまりピンときません。

「私どもの工場は、ものすごく大きな敷地です。何と、東京ドーム級のグラウンドが五個ぐらいスッポリ入る広さです」

こう言われると、グッとイメージが膨らみます。

ぜひ、この二つを有効に利用してみてください。

2 非金銭譲歩

お金のことだけでは行き詰まる

交渉において、お金の話だけでは行き詰まることが多いものです。

具体例を挙げてみましょう。

あなたは液晶テレビを買いたいとします。電気屋さんに行きます。気に入ったテレビがありました。価格は十八万円です。

あなたは、何とか安く買おうと思い交渉を始めました。

「これ、なかなかいいね！」

「はい、お客様。売れ線でございます！」

「十五万円でどうかなあ……」

「お客様、それはできません。これで一杯一杯なんですよ！」

ほとんどの人が、ここであきらめます。

しかし、交渉は、断られた時から始まります。「ＮＯ」という言葉には、多くの場合、根拠がありません。これは挨拶言葉のようなものです。

例えば、このテレビが一台しかなかったら、現品処分で安く買える可能性があります。

そして、それ以外にも、次のような方法が考えられます。

お金以外で譲歩させる

お金（価格）以外の条件について譲歩させる（する）ことを「非金銭譲歩」といいます。

例えば、数量、付属品、取り付け料、配送費、納期、支払い条件、保証期間などです。

「十個買うから、二個おまけして」

「スーツを買うから、ネクタイを一本おまけしてください」

こんな感じです。違和感はまったくありません。

先ほどの液晶テレビの例だと、

「キャッシュで払います。その代わり、取り付け料込みで、保証期間も二年にしてください」

と提案します。受け入れてもらえる可能性は大です。

この場合のポイントは、自分が譲歩しながら、相手にも譲歩を迫ることです。

＊

私がイタリアのベニスに行った時のお話です。サッカーをしている息子たちのためにTシャツを買おうと思いました。

さすがはサッカーの本場イタリアです。格好いいTシャツがたくさんあります。長男と次男に二枚ずつ買うことにしました。

「安くならないかなあ?」

売店の女性は、笑顔で「NO」と言います。

●非金銭譲歩●

金額以外の条件について譲歩させる（する）

120万円に
まけてください

値引き交渉だけでは行き詰まる

↓

キャッシュで払うので
カーナビをつけてください

Point 自分が譲歩しながら，
相手にも譲歩を迫る

私は、片言の英語で彼女と世間話を始めました。当時は、中田英寿選手がイタリアで活躍していました。彼の話題で一気に場が盛り上がりました。話の〝共感ゾーン〟ができたのです。すると彼女は、

「少し古いけど、このTシャツでよかったら二枚あげるわ！」

と言ってくれました。私は、センスのよいTシャツ二枚を無料でゲットすることができました。

これも立派な「非金銭譲歩」です。

足して二で割る「中間点方式」

「非金銭譲歩」とは違いますが、もう一つ、よく使われる方法があります。それは「中間点方式」です。これは非常に単純な方法です。

あなた……液晶テレビを十五万円で買いたい

相手………十八万円で売りたい

このような場合に、十八万円と十五万円の中間、つまり十六万五千円で決めるというものです。別名「割り勘方式」と呼んでいます。

交渉は、お互いに譲歩することによって成り立ちます。

3 行き詰まったら検討期間を設ける

交渉は、いつも友好的にいくとは限りません。ハードな交渉もあります。緊張度が高まり、ストレスを感じます。

あなたはAさんです。Bさんと交渉をしています。かなりハードな交渉だとします。両方の言い分が対立しています。

そこで、あなたはこう言います。

「すみません、Bさん、社に帰って検討したいので、お時間をいただけますか？」

相手のBさんもホッとします。その時に、すかさずこう質問します。

「ところでBさん、結論はいつまでに出せばよろしいでしょうか？」

「来週の水曜日までにお願いします」

続けて、

「それは、最終的な線でしょうか？」

と聞けば、ホッとしたBさんは、

「金曜日まで大丈夫ですよ」

と、本音を言ってくれるかもしれません。

検討期間を設けることにより、
①作戦の見直しができる
②リフレッシュできる
この二つのメリットがあります。そして、再交渉に臨みます。

4 キーマンを探せ！

前の章でも少し触れましたが、キーマンに訴えることで、その交渉が成功する確率は飛躍的に高まります。

キーマンとは、その交渉を左右する人物のことです。誤解しないでほしいのですが、キーマンは、必ずしも役職が上の人ではないのです。

私の友達は、インテリアアート（絵画）の販売業をしています。全国各地で行われる展示会は大きな仕事の一つです。私は以前、アシスタントとして彼のお手伝いをしたことがあります。

その展示会には、いろいろな業種の販売のプロが参加しています。宝石、着物、健康器具……。お客さんの数も半端なものではありません。私の友人も張り切って参加しました。ところが、お客さんが全然来ません。他の売り場は賑わっています。ドンドン売れていきます。

初日が終わりました。そこへ、展示会の責任者がやって来ました。

「ウチの売り場にはお客さんが来ないのですが……」

友達が実情を話すと、

「ジュエリー売り場のN女史にご挨拶をされましたか？」

ピンときた友達は、翌日、朝一番にNさんに挨拶をしに行きました。

「展示会には初めて参加します。よろしくお願いいたします！」

Nさんはニッコリ笑って、

「こちらこそ、よろしくお願いいたします」

すると、不思議なことが起こりました。私たちの売り場に、お客さんがドンドン流れてきます。商品も売れ始めました。Nさんがお客さんに、私たちの店を紹介してくれていたのです。

そうです！　この展示会のキーマンはNさんだったのです。

＊

もう一つ例を挙げます。

私の後輩のO君は、計測器の販売をしています。バリバリの営業マンです。彼の営業成績はいつも社内のトップです。特に、新規開拓は得意です。

会社にとって新規開拓は生命線です。何もしなければ、顧客は毎年一〇パーセントずつ減っていくというデータもあります。単純に計算すると、十年後には顧客がゼロになってしまうわけです。

彼は、営業に行くと、まず明るい笑顔で、

「おはようございます！　○○計測のOでございます！」

と挨拶します。そして十分な事前調査にもとづいていくつか質問をし、相手の現状を把握した上でセールストークが始まります。

「ウチは間に合っているから」

「今のところ必要ないなあ」

「高いなあ」

お決まりの文句が出てきます。彼は、その時に決して深追いをしません。相手の話を聴き続けます。

その部署がＮＧでも、次のように尋ねます。

「わかりました。ところで、御社の他の部署で、この機械を必要とされているようなところを教えていただけませんか?」

「隣りの部署なんか、いいんじゃない」

「お手数ですが、責任者の方の肩書きとお名前を教えていただけませんか?」

「T部長だよ」

彼はその情報をもとに、キーマンのT部長にアプローチします。隣りの部署からの紹介なので、違和感はありません。

この方法で、何件も新規の契約をとったそうです。

「キーマンを探せ!」は鉄則です。

5 相手の「デッドライン」を知れ!

デッドラインとは?

「デッドライン」とは、「限界線」「締め切り」のことです。相手のデッドラインを知れば、交渉を一気に有利に進めることが可能です。

先ほどの液晶テレビ購入の例で、今日がお店の締め日だったらどうでしょうか? 店員さんは、多少安くても売りたいはずです。かなり価格が下がる可能性があります。

スーパーで、七時閉店の店があります。六時半ぐらいから食料品売り場が混雑します。なぜなら、タイムサービスがあるからです。三割引き、半額になるケースもあります。この時間を狙って買い物に行く方も多いはずです。

このように、デッドラインを知ることは、大きな武器となります。

——テニスの女王グラフの作戦

伊達公子選手が、現役復帰を表明しました。快進撃を続けています。

第一次現役時代のライバルは、ドイツのシュテフィ・グラフ選手でした。テニスの四大大会を通算二十二回も制した、文字通り「テニスの女王」です。

イギリス・ウィンブルドンのセンターコートでの出来事です。この伝統と由緒あるコートは、一年間で二週間しか使用されません。全テニスプレイヤーの憧れの聖地です。

伊達選手は、その日絶好調でした。サーブ、スマッシュとも申し分ありません。

「今日の伊達は、いつもと違う！」

グラフ選手はそう感じていました。

ここから、持久戦になりました。グラフ選手が作戦を変えたのです。ラリーが続きます。

グラフ選手は体力があります。陽が陰ってきました。センターコートには照明がありません。グラフ選手の狙いは、そこにありました。「日没順延」です。

伊達選手は非常に目がよく、視力は二・〇だそうです。多少陽が陰っても、球はハッキリと見えます。

しかし……第二セット終了後、主審が「日没順延」を告げました。翌日行われた第三セットはグラフ選手がとり、勝利します。

伊達選手は後日、

「私はまだ球がハッキリ見えます、試合を続行させてください、と言えばよかった」

と話していました。

グラフ選手の見事な作戦勝ちです。日没というデッドラインをうまく使ったのです。

九〇対一〇の法則

有名な「九〇対一〇の法則」というものがあります。重要なことの九割は、全体の一割の時間で決まる、というものです。

例えば、あなたが十時間の交渉をするとします。初めの九時間には、案件全体の一割程

●90対10の法則●

重要なことの９割は，全体の１割の時間で決まる

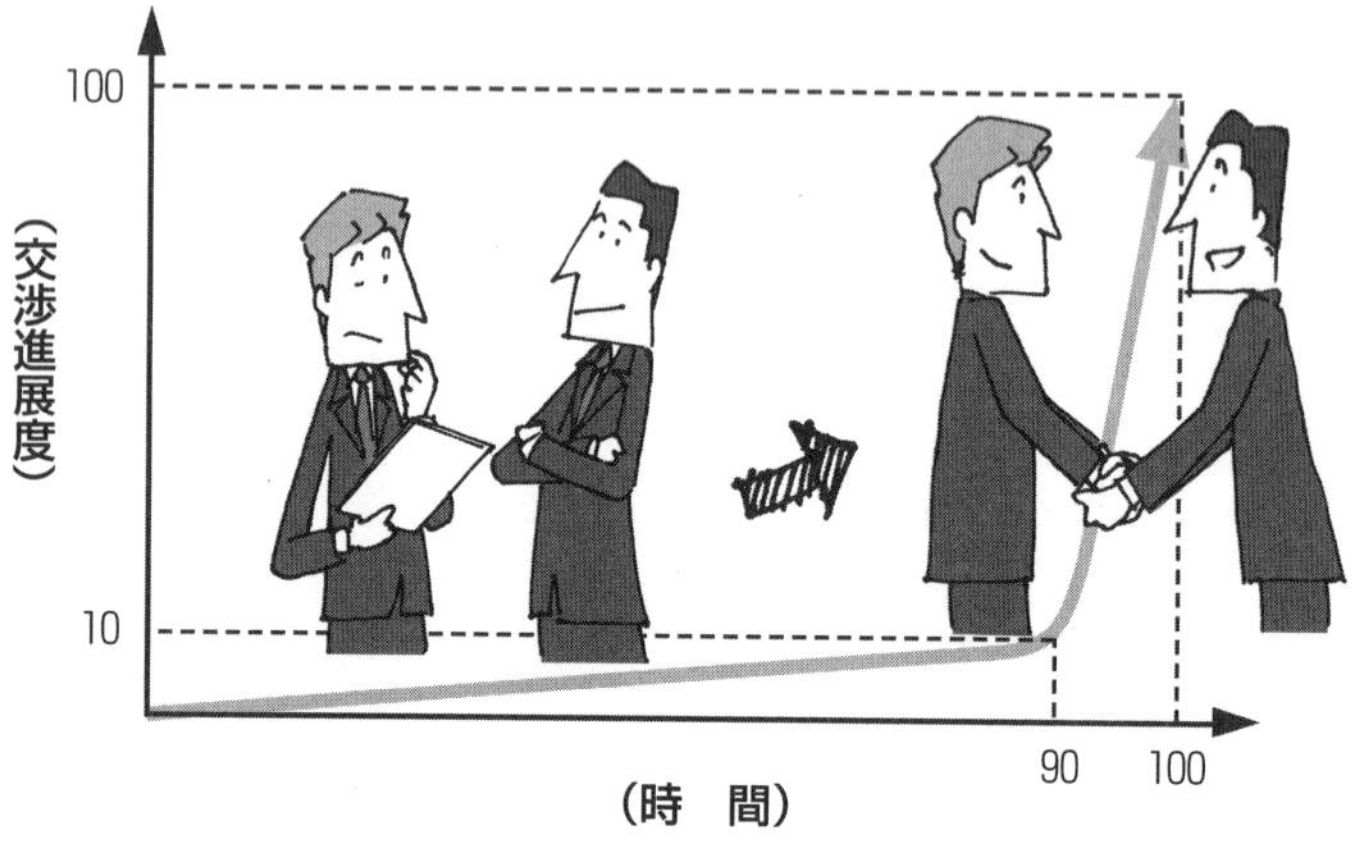

度のことしか決まりません。ほとんどが世間話といってもいいでしょう。しかし、残りの一時間で急展開があります。

これはつまり、どちらか一方のデッドラインが決まっている場合、その時間が迫るにつれて、デッドラインがある方がかなり譲歩せざるをえなくなる、ということを表しています。

このように、相手のデッドラインを知っておけば、かなり有利に交渉を展開することができるのです。

Point

現場で即使える基本テクニック

「数字」を有効に使う

［①比較対象となるデータを出す
②「置き換え」を利用する］

非金銭譲歩

［お金以外の条件について譲歩させる（する）］

行き詰まったら検討期間を設ける

キーマンを探せ！

［その交渉を左右する人物に，積極的に訴える］

相手の「デッドライン」を知れ！

［90対10の法則
（重要なことの9割は，全体の1割の時間で決まる）
＝
デッドラインが近づけば，譲歩せざるをえなくなる］

10 力関係は逆転できる！

1 力関係とは何か？

力関係とは何でしょうか？　わかりやすい例で考えてみます。

上司と部下、どちらが力があるでしょうか？　上司です。

大人と子供ではどうでしょう？　もちろん大人です。

プロ野球のフロント（球団）と選手ではどうでしょう？　フロントです。

これらは力関係がはっきりしています。一般的に、この力関係を逆転させることは非常に困難です。しかし、交渉のやり方によっては逆転可能です。

私が五歳ぐらいの頃のお話です。父親と鹿児島へ旅行に行きました。私は、欲しいおもちゃを見つけました。父に「買って」と頼んだのですが、買ってもらえませんでした。

後から父に聞いたのですが、私のとった作戦は次のようなものでした。

その旅行の最中、

「バカッ、バカッ、バカッ」

と言い続けたそうです。

根負けした父は、私にそのおもちゃを買ってくれました。私の希望は叶いました。

子供は、切羽詰まると、大人顔負けの交渉力を発揮します。

2 逆転するための六つの力

交渉において、不利な立場から逆転するための要素として、次の六つが挙げられます。
①粘りの力（忍耐力）
②態度の力
③時間の力

④競合の力
⑤仲間（数）の力
⑥知識（経験）の力
それぞれについて解説していきましょう。

粘りの力（忍耐力）

実際にあったお話をします。

私の長年のお客様に、K製薬の小林さんという方がいます。小林さんは、現在は研修部のリーダーをされています。営業のご出身です。

製薬業界では、営業のことをMR（医薬情報担当者）といいます。MRの仕事は、ドクター（先生）に薬の説明、売り込みをすることです。入社間もない頃は、主に開業医の先生方を担当することが多いのですが、キャリアと実績を積んでくると、大学病院担当になります。

その小林さんが三十代の頃のお話です。開業医担当で成績抜群だった小林さんに本社から辞令が出ました。福島への転勤で、担当は大学病院です。

実は、会社はこの病院に社の命運を賭けていました。日本有数のガンの名医がそこにいらっしゃいました。新薬をぜひその先生に使ってもらいたかったのです。

小林さんに白羽の矢が立ちました。

「どうしようか？」

小林さんは悩みました。攻略法が見つからないのです。

MRは、競争の激しい世界です。先生の周りには、他社のMRの人たちが人垣を作っています。どの世界でもそうですが、新参者には冷たいものです。

仕方なく、誰よりも朝早く病院に行って、先生に挨拶することから始めました。もちろん、先生には見向きもされません。

二カ月ほど経った時、先生がノーマークの日がありました。初めての一対一です。

「先生、おはようございます！」

いつものように大きな声で挨拶をします。

すると、いつもは何も言わない先生から、

「君は誰だ？」

と尋ねられました。

「はい、K製薬の小林でございます」

「そうか……」

たったこれだけの会話でしたが、小林さんにとっては大きな一歩です。

小林さんの挨拶運動は、この後もまだまだ続きます。そして……ついにチャンスがやって来ました。先生が一人で歩いてきます。

「先生、おはようございます！」

いつものように明るく、元気よく挨拶をしました。

するとその瞬間、先生の視線が小林さんに注がれました。

「君は確か、K製薬の小林君だったな」

「はい、小林でございます」

「君は毎日熱心だなあ……。実は今度、東京で学会がある。その食事会のセッティングを君にお願いできないかな？」

「私でよろしいんでしょうか？」

「ただ、一点だけ外して欲しくないことがある。私が指定する銀座の中華料理のお店はコースに入れて欲しい。後の二次会は君に任せる」

小林さんは我が耳を疑ったといいます。日本有数の名医から、直接お声がかかったのです。

学会当日がやって来ました。ラッキーなことに、銀座のお店での食事会に同席することができました。

そこで見たものは、先生と、先生を慕う全国のお弟子さんたちとの熱いやりとりでした。どうしたら人の尊い命を救うことができるのか、話は延々と続きました。

小林さんの目に、思わず涙があふれてきました。

「俺は、この仕事をしていてよかった！　人の命を救う仕事だ」

そう実感できた瞬間でもありました。

「小林君、二次会はどこだ？」

「はい、『蔵』というショットバーです」

「ショットバーか……」

先生の気乗りしない様子が伝わってきます。

「実は先生とお食事する機会があったら、ぜひお連れしたいと考えていたお店です」

しばらくして、店の前に到着しました。

「先生、着きました！」

店に入った瞬間、先生の表情が笑顔に変わりました。

「小林君、この雰囲気だよ！　私が大好きな雰囲気だ！　いやあ、小林君に任せて大正解だった」

先生は大満足です。二人の間に大きな信頼関係が生まれました。信頼関係に裏づけられた仕事は、お互いにいい結果を生みます。仏教の言葉に「会者定離」というものがあります。簡単にいえば、人間には「出会い」があり、「別れ」があるという意味です。

数年が経ち、実績を出した小林さんに本社から辞令が来ました。お世話になった先生とのお別れです。

いよいよ福島を去る日の朝のことです。先生の奥様が会社にお見えになりました。小林さんは、何事だろうと思いました。

「小林さん、主人が長い間、大変お世話になりました。本来は本人がご挨拶に参るべきなのですが、オペ（手術）が入っておりまして、どうしても来ることができません。くれぐれもよろしく伝えてくれ、とのことでした」

そして、一つのバッグをいただいたそうです。小林さんは今も、先生との信頼関係の証《あかし》として、そのバッグを大切に使っているそうです。

小林さんの誠実さが先生の心を捉えたのです。

その後も東京で学会があるたびに、先生から小林さんに声がかかったのはいうまでもありません。

小林さんの誠実さ、そして何より忍耐力の勝利です。

「交渉は粘り強く！」

これは鉄則です。

態度の力

態度は、ただデカイだけでは嫌われます。アサーティブに、つまりはっきりと自信を持って主張するということ、毅然とした態度のことです。

五年ほど前のお話です。東急東横線の自由が丘駅前にある有名なアウトドアショップでマウンテンバイクを購入したことがあります。

多少交渉力に自信があった私は、店員さんと交渉して安く買おうと思いました。

私は、次の三点を意識して作戦を立てました。
①ウォーミングアップを十分に！
②相手の話をよく聴く（情報の力）
③初頭要求は大きく！
気に入った一台がありました。ボディカラーは鮮やかな朱色で、洗練された感じです。カクテル光線に照らされ、高級感が漂っています。定価は三万八千円です。

二十代後半の感じのいい男性が対応してくれました。

「なかなかいい色だね」

「ありがとうございます！」

「これ五段変則？」

「お客様、ここに五段と、ハンドルのところに三段ありますので、八段変則でございます」

「普通の道路もラフな道も両方いけそうだね」

「はい、そのように設計されております」

会話が弾みます。情報も入りました。次は、「初頭要求は大きく！」です。私は満を持して、

「これ、三万円でどう？」

と言いました。一瞬の沈黙があり、彼がはっきりと言いました。

「お客様、これは結構売れ線でございまして」

交渉は忍耐力も必要です。態勢を整えて、もう一声かけようと思いました。

その時です！　横から視線を感じました。通りがかりの女子高生の一人と目が合いました。ルーズソックス、顔は真っ黒です。黄金色のアイシャドーと口紅が、怪しく光ってい

ます。

「あのおじさん値切ってる。嫌な感じ……」

ここまで聞こえるような声で、言い方もストレートです。これには、さすがの私もひるみました。

ただ、「交渉は粘り強く！」です。もう一度、態勢を立て直して再交渉しようとしたその時です。また視線を感じました。ふと見ると、十個の目玉が一斉に私を見ています。

「あのおじさん、まだ値切ってる。嫌な感じ！」

「そうよね！　常識ないよね！」

容赦なく言葉が飛んできます。

弱気になった私の口から出た言葉は、

「この自転車、いいよね。まけられないよね。これ買うよ！」

結局、私は定価で買いました。

物を買う場合、通常、買い手の方が強い立場にあります。しかし、私は、店員さんのアサーティブな対応と、女子高生の援護射撃に負けたのです。

「修行が足りない……」

毎日、そのマウンテンバイクを見るたびに落ち込んでいました。ただ、「力関係は逆転できる」ということを、身をもって経験することができたのも事実です。

時間の力

これは、九章で解説したように、「相手の『デッドライン』を知れ！」ということです。

競合の力

これは「ライバル」の存在をちらつかせるやり方です。

私が建設業界にいた時には、よく「相見積もり」がありました。

「今回の物件に関しまして、A社、B社、C社、D社、E社、以上五社に見積もりをお願いしております」

言われた方は、かなりのプレッシャーがかかります。

時間がある時には、かなり有効な方法です。

仲間（数）の力

昔から、「多勢に無勢」といいます。数の力は、八章の「交渉は〝ホームグラウンド〟で！」でも触れた通りです。

少し話がそれますが、「相性」の問題もあります。人間対人間のことですから、相性が合う、合わないという問題は当然出てきます。交渉相手とどうしても相性が合わないというような場合には、二つの対処方法があります。

①担当を替わってもらう

②交渉相手と相性のいい人間とペアを組む

特に二番目の手は有効です。数の力も応用できます。

知識（経験）の力

交渉の場では、相手よりも知識、経験があれば、当然かなり優位に立てます。

島田紳助さんが司会の「行列のできる法律相談所」という人気番組があります。「史上最強の弁護士軍団」が番組の目玉です。さらに、紳助さんの軽妙なトークが番組を盛り上げます。

その日は、離婚問題がテーマでした。ある夫婦の離婚問題についてのＶＴＲが流れ、その後に四人の弁護士が、慰謝料をとれるか、とれないかを判断します。

「とれる！」

「とれない！」

見解が分かれます。ある弁護士の先生が、

「これはとれます。理由は……」

と、理路整然と説明します。

すると、もう一人の先生が猛反対します。

「あなた何年弁護士やってんですか？　とれませんよ！　なぜなら……」

激しいバトルが繰り広げられます。

たまに行き過ぎた攻撃や、少しウケ狙いの発言などもありますが、視聴者はあまり違和感を感じません。これは、弁護士という「肩書き」に加え、各先生の発言の背後に、豊富な知識、経験の存在がうかがわれるからです。

通常の交渉においても、この力は応用できます。

営業担当のあなた（Aさん）は、実務経験が浅いとします。あまり専門知識もありません。交渉相手は、かなりの経験があるベテランのBさんです。一対一ならば、かなり分の悪い相手です。

そこで、あなたはBさんに、こう言います。

「Bさん、営業は私Aが担当させていただきます。技術的なサポートに関しましては、センター長のCが担当させていただきます。何なりとお申し付けください」

交渉の場がホームグラウンドであれば、さらにベターです。

- 知識（経験）の力
- 仲間（数）の力
- ホームグラウンド

この三つの要素を組み合わせるわけです。

このように、使う手は、状況に応じて臨機応変に変えます。

Point

不利な立場から逆転するための６つの力

粘りの力（忍耐力）

［「交渉は粘り強く！」が鉄則］

態度の力

［はっきりと主張する（アサーティブ）］

時間の力

［相手の「デッドライン」を見極める］

競合の力

［「ライバル」の存在をちらつかせる］

仲間（数）の力

［数で相手を圧倒する］

知識（経験）の力

［知識，経験のある人物に同席してもらう］

11 違いを生み出す応用テクニック

さて、ここでは、実際の交渉で大きな武器となるテクニックをまとめます。これを知っているのと知らないのとでは、結果が大きく変わってきます。これまで学んだポイントも応用しつつ、実際の事例を通して身につけていきましょう。

1 パー法（定額法）

パーとは、基準となる数字のことです。

ゴルフでは、各ホールの基準打数を示す言葉として使われています。ゴルフをしたことがない人でも、パー3とかパー4とかいう言葉は聞いたことがあるでしょう。

ケーススタディをやってみましょう。

あなたは、子供部屋の改装を考えています。ある工務店に見積もりをお願いしました。すると、二五〇万円という金額が出てきました。あなたの予算は二三〇万円です。

この場合、どのように交渉すればよいでしょう？

【解答例】

「見積もりありがとうございます。この部屋、とてもいいですね！　子供も、広くて新しい部屋に移れるのを楽しみにしています。ところで、予算についてですが、何とか二百万円でお願いできないでしょうか？」

二百万円という基準値を出し、これ以上は出せないという態度を明確にします。この時、「実は……」と、この金額しか出せない理由を打ち明けると効果的です。こうすれば、おそらく二百万円から二三〇万円の間で決まるはずです。

このようなケースの場合、「初頭要求は大きく！」の方法に則り、「一五〇万円でできませんか？」

と、思い切ってさらに低い金額を提示し、徐々に譲歩していくのも一つの手です。

それ以外にも、次のような対応が考えられます。

●他の工務店さんにも見積もりをお願いしています。［競合の力］

●少し考える時間をいただけますか？ ［検討期間を設ける］
●ついでにトイレの水漏れも修理していただけませんか？ ［非金銭譲歩］
パー法（定額法）を応用したものに「こみこみ法」があります。

あなたがパーティの幹事をするとします。お店と交渉します。

「十名でパーティをしたいのですが、予算は一人三千円で、お料理、飲み代、消費税込みでお願いします」

ただし、相手の立場もありますので、「無理のないように」が鉄則です。

2 はしご段法（上訴法）

この「はしご段法」は、権限を持っている人（店長、マネージャー、責任者）と直接交渉する方法です。

八年ほど前のお話です。息子二人を連れて、家族四人で長崎のハウステンボスに行きました。

とても広い敷地です。当時、幼稚園と小学校の低学年の息子は、ヘトヘトに疲れてしまいました。

「もうボク、歩けない！」

とうとう、座り込んでしまいました。時間は昼の一時ぐらい、いつもはお昼寝の時間です。昼寝ができるようなところとなると、ホテルしかありません。

しかし、ホテルは本来宿泊するところです。また、チェックインはだいたい昼の三時ぐらいからですし、そもそも泊まる予定がなかったので、ホテルを予約していません。

私は、交渉しようと思いました。入り口近くにSホテルがありました。

「すみません。マネージャーの方をお願いできますか？」

すると、三十代後半のマネージャーが対応してくれました。

「息子たちが歩き疲れてしまったんです。ホテルで少し休ませていただけませんか？」

事情を察したマネージャーは、何やらスタッフと電話で話しています。

「今から〇号室に入れるかな？　掃除は終わってる？……」

しばらくして、彼はこう言いました。

「お客様、お待たせいたしました。お部屋のご用意ができました。どうぞ、ゆっくりとお休みください！」

「おいくらでしょうか？」

「通常のお部屋の代金の半額で結構でございます」

息子二人は、安心してゆっくり休むことができました。今でも、その時のマネージャーの笑顔と対応の素晴らしさは、大変印象に残っています。

ホテルといえば、私は、予約を入れていたのに「入っていない」と言われたことが、二十年間で七回もあります。信じられない話ですが、本当です。

七回目は、博多のHホテルでした。

ある年の七月のことでした。大阪で仕事をした後に、新幹線で博多駅に夜の十時半頃に着きました。ホテルにチェックインしようとすると、

「浜田様、申し訳ございません。ご予約が入っておりませんが……」

「私の会社の事務局のUが、シングルの予約を入れているはずですが……」

もう一度、見てもらいましたが、やはり入っていないとの返事でした。

私はすかさず、

「マネージャーをお願いします」

と言いました。

事情を話すと、さすがマネージャーです。

「浜田様、しばらくお待ちください！」

と言って、何やら端末を叩いています。

「お待たせいたしました浜田様。お部屋の準備ができました。ご予約いただいたのは、シングルのお部屋でした。ただ、あいにく今日は、博多山笠が行われておりまして、シングルのお部屋は満室でございます。その代わりに、ツインのお部屋をシングル料金でご用意させていただきました」

私は大満足です。

ここでのポイントは、感情的にならない、ということです。相手も人間です。優しく、アサーティブに、というのがコツです。

＊

この「はしご段法」を逆手にとった方法もあります。これは、時間を稼ぎたい時などに有効です。

私が二十代の頃、実家の建設会社で働いていた時のお話です。

父からよく、こう言われました。

「幸一、今日の二時から打ち合わせがある。俺の代わりに行ってくれんか？」

「そんな突然……。一体何をすればいいんだよ」

「話だけ聞いてきてくれ。そして、話の内容が俺にわかるように、一枚の紙にまとめて持ってきてくれ」

「これはどうしましょう? と聞かれたら、どうする?」

「その時には、後で社長の方から答えますと言えばいい」

まるで禅問答です。しかし、今考えると、道理がわかります。私を交渉の現場に送ることにより、三つのメリットがあります。
①時間稼ぎができる
②情報が入る
③私を鍛えることができる
この方法は有効です。ただし、相手側に決定権を持っている人が出席する場合は別です。同じレベルの人間を出さないと、相手に失礼になります。気をつけてください。私は親の後継ぎで、「専務取締役」という肩書きを持っていたので許されたのです。

3 相手が「責任転嫁法」を使ってきたら……

交渉は、お互いに決めたことを、誠実に実行するのが基本です。

ただ、相手によっては、綺麗事だけではうまくいかないケースもあります。時として、信じられない手を相手が使ってくることもあるのです。

例を挙げます。あなたはAさんで、あるプロジェクトのリーダーです。クライアント（お客様）のBさんとの交渉で、和気あいあいと話が進み、商談をまとめました。金額は六百万円です。プロジェクトは順調に進む予定でした。

しかし、後日、Bさんから一本の電話がかかってきます。

「Aさん、Bです。先日は大変お世話になりました！」

「こちらこそお世話になりました。お陰様でプロジェクトも順調に進んでおります」

「実は、お願いがあってお電話しました」

「何ですか？」

「金額をもう少し安くしていただけませんでしょうか？」

「えっ、どういうことですか？」

「社に案件を持ち帰ったところ、部長からクレームが出まして……。私はいいんですけど……何とかなりませんか？」

この方法を「責任転嫁法」といいます。これは、ハッキリ言ってアンフェアです。あってはならないことです。

さて、どう対処するかです。この場合、一つのやり方として、こちらも相手に合わせて「困っている感じを出す」という方法があります。

「いやあ、それは困りましたね……。もう少し状況を詳しく教えてください」

ここで、十分な情報を得ます。Bさんを責めてはいけません。そして、一旦電話を切ります。上司の指示を仰いだ後に、Bさんに電話します。

「Bさん、この案件は私たちの権限を越えています。私の考えですが、御社の部長と弊社の部長との巨頭会談で解決してもらうようにしませんか？」

たぶん、Bさんも快諾するはずです。

●E型コミュニケーション●

自分の上司に,
相手方の上司と直接交渉してもらう

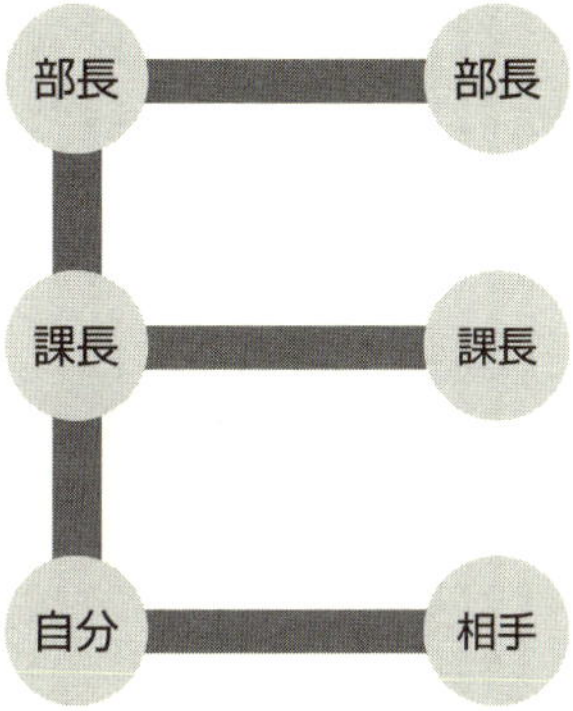

＊相手側が「責任転嫁法」を使ってきた場合の対処法として有効

ここでは、「責任転嫁法」の変形を使いました。これを「E型コミュニケーション」といいます。

数年前、プロ野球の業界再編問題が起こりました。最初はもめていましたが、オーナー会議が招集され、いつの間にかスッキリ決まってしまいました。オーナーは、決定権を持っているからです。

この「E型コミュニケーション」は、相手が「責任転嫁法」を使ってきた場合、対処法として使えます。ただし、これもあまりフェアなやり方ではありません。

4 もうひと押し法

これは、具体例を挙げて説明しましょう。

あなたは、和菓子屋の店長だとします。原料の大豆を買おうとしています。A社、B社、C社から見積もりをとりました。一キログラム当たりで、以下のような金額が出てきました。

- A社……三二〇円
- B社……三五〇円
- C社……三八〇円

さて、この場合、どう交渉したらよいでしょうか?

一番フェアな方法は、A社、B社、C社の三社に、再度見積もりを提出してもらうことです。この方法を「もうひと押し法」といいます。

基準となる金額を提示してあげれば、さらに効果的です。

「お手数ですが、キロ当たり三一〇円以下で、もう一度見積もりを出してもらえませんか?」

こう言われると、各社の担当者は「他の会社が三一〇円で出したのだろう」と考え、どうにかしてそれ以下の金額になるよう努力するはずです。

このような例の場合によく行われるのが、B社、C社に、A社の金額を提示して下げさせるという方法です。しかし、これは危険です。業者同士は連絡が密です。その情報はすぐA社の耳に入ります。すると、「談合」が始まります。連係を組んで、価格引き下げを阻止するようになります。お互いに損をしたくないからです。

他の交渉方法として、長期取引の約束ができるのであれば、さらに安くしてもらえる可能性があります。

5 「もしも」の質問法

これは、「魔法の質問」と呼ばれているものです。

- もしも年間契約をしたら、いくらお安くなりますか?
- もしも材料費を除いて加工だけをお願いしたら、いくらお安くなりますか?

このような質問をすることによって、さまざまな情報を得ることができます。その情報の中から、こちら側に有益な情報を選び出し、交渉を優位に進めるのです。
例を挙げてみましょう。あなたは、量販店のバイヤー（購買担当者）です。電球を千個買い付けようと考えています。
ある業者から見積もりをとりました。すると、
@一二五〇円×千個＝一二五万円
という金額が出てきました。
この場合に有効なのは、ロットをいくつかに分けて見積もりをとることです。
●もしも五百個だったら？
●もしも三千個だったら？
●もしも五千個だったら？
こうすることで、大体の原価や、値段のつけ方の傾向がつかめます。購買担当者がよく使う手です。

ただし、やり過ぎるとヒンシュクを買います。相手もプロです。「あくまでも常識の範囲内で！」が鉄則です。

その他の方法としては、

●他社の見積もりをとってみる［競合の力］
●保障期間の延長をお願いする［非金銭譲歩］
●大量購入なので、端数を切ってもらう（一二五〇円→千円）
●長期取引の約束をし、安くしてもらう
などが考えられます。交渉方法は一つではありません。

6 質問には質問で返せ！

私の記憶に、強烈に残っている出来事があります。

今から十年ほど前、私がこの業界に入って十年が経過した頃のお話です。時期は十一月の下旬、忘年会のシーズンが始まる頃でした。私は、仕事にも慣れ、少し余裕が出てきていました。

夕方、浜松町の会社に一本の電話がかかってきました。神田のあるメーカーからの研修の問い合わせです。

電話の内容は次のようなものでした。

『企業と人材』という雑誌で、御社の研修の記事を見ました。面白そうなので、どなたか説明に来ていただけませんか?」

プレゼンテーションについての内容だったこともあり、私が説明に行くことになりました。何といっても、内容をよく知っています。

次の日、夕方の四時頃、資料を持って神田の会社にお邪魔しました。人の良さそうな五十代の人事担当のS部長が応待してくださいました。

世間話をしていくうちに、

「これは絶対に決まる!」

と確信を持ちました。

なぜなら、S部長と私は、共通部分が多かったからです。S部長は博多出身の方でした。私は熊本で、同じ九州出身です。博多どんたくや山笠などの祭りの話や、長浜ラーメン、ダイエーホークスの話題などで盛り上がり、いい雰囲気になりました。

ここまでは計算通りでした。

この日、私は忘年会の予定が入っていました。約束の時間は六時です。時間が迫っています。頭が半分、忘年会の方にいっていました。

その時です。

「ところで……」

とS部長が切り出しました。

私は内心「しめた！」と思いました。「ところで……」の後は大抵仕事の話です。

「浜田さん、御社のプレゼンテーションセミナーは、主にどの階層を対象にしていらっしゃいますか?」

と聞かれました。

「主に管理職です」

私は深く考えずに何気なく答えました。

「管理職ですか……」

途端に、S部長のトーンが下がりました。

「そうですか……ウチは今回新入社員のセミナーを考えておりました」

「いやっ、新入社員でも大丈夫です！」

不意を突かれた私は、機関銃のごとく早口で説明を始めました。気持ちに余裕がなかったのです。

当時の私は、若かったこともあり、あまり応用が利きませんでした。野球のピッチャーでいえば、速球派です。今は、カーブ、フォーク、チェンジアップ、シンカーなどの球種があるのですが、その頃はストレートのみです。

説明が終わり、しばし沈黙がありました。

「内容はよくわかりました。社内で検討して、御社にご連絡いたします。今日はありがとうございました」

S部長のお見送りを受けながら、外に出ました。空には大きなお月様が出ていました。

私は思わず、月に向かって、

「駄目だ!」

と叫びました。

結果は……やっぱり駄目でした。次の日に、丁寧なお断りの電話がS部長からかかってきました。

「昨日はありがとうございました。内容はよくわかりました。せっかく浜田さんに来ていただいたのですが、御社のプレゼンテーションセミナーは管理職中心だそうですね。私どもは新入社員を対象と考えておりましたので、また機会がありましたら、よろしくお願いいたします」

そこで得た私の教訓は、「質問には質問で返せ!」です。

「主にどの階層を対象に、プレゼンテーションセミナーをされているのですか?」

と聞かれたら、次のように答えるのです。

「今回は、どの階層をお考えでしょうか？」

「新入社員です」

「なるほど、新入社員の方ですね。実施されるとしたら、いつ頃をお考えでしょうか？」

「四月の中旬、十五日から二十日頃を考えています」

「わかりました。対象人数はどのくらいでしょうか？」

「二十人です」

「あと、この研修会の狙い（目的）を教えていただけませんか？」

このようにいくつか質問し、相手の話をしっかり聴いた後で、

「それでしたら、私どものプレゼンテーションセミナーはピッタリです！」

と断言し、その理由を説明します。こうすれば、決まる確立は高いはずです。

まとめます。
①気持ちを集中する
②質問する（質問には質問で返せ！）
③相手の話をよく聴く（メモをとりながら）
ただ、やりすぎは禁物です。

Point

違いを生み出す応用テクニック

パー法（定額法）
［基準値を決め，それを強く押し出す］

はしご段法（上訴法）
［権限を持っている人と直接交渉する］

E型コミュニケーション
［自分の上司と相手方の上司に直接交渉してもらう
（「責任転嫁法」への対処法として有効）］

もうひと押し法
［基準値を提示すれば，さらに効果的］

「もしも」の質問法
［もしも○○なら，おいくらになりますか？］

質問には質問で返せ！
［相手から情報を引き出した上で答えを出す］

12 交渉力は〝宝〟だ！

1 交渉力がアップすると人生が変わる

親父が危ない！

今からお話しすることは、実話です。

忘れもしません。二〇〇八年二月九日のことです。その日、私は、ある計測器メーカーのセミナーで埼玉県の行田市にいました。

朝の十時頃、携帯が鳴りました。熊本の姉からでした。

「お父さんが危ない！」

声が興奮してうわずっています。

とうとう来たか……私は深いため息をつきました。

父は、長年人工透析をしていました。年とともに合併症も出てきて、今年に入り容態が悪化していました。ですから、ある程度の覚悟はしていました。

姉からの電話は、そんな矢先のことでした。今日が〝峠〟だというのです。親族一同、すでに病院に集まっているとのことでした。

事態は一刻を争います。私は、仕事が終わり次第、帰ることにしました。

超・土壇場の交渉術

私の頭の中で、計算が始まりました。デッドラインは午後九時二十分、博多駅発の新幹線に乗ることです。乗れなければ、すべてアウトです。
博多駅までの旅程は、
研修会場－（タクシーで十五分）－吹上駅－（一時間）－浜松町駅－（二十五分）－羽田空港－（一時間四十分）－福岡空港－（五分）－博多駅
という感じです。
研修会場には、五時ピッタリにタクシーが待っていました。担当の坂田さんが段取りしてくださったのです。私は急いでタクシーに乗り込みました。

まず、最初にやらなければならないこと。それは、浜松町駅で飛行機、電車のチケットを買うことです。

これが、案外時間がかかります。着いたのは、夕方のラッシュ時です。みどりの窓口には、七、八人のお客さんが並んでいます。

「困ったなあ……。空港で買うのも慌ただしいし、どうしよう……」

その時でした。窓口のクレジットカードの読み取り機が作動しなくなりました。

「すみません。カードのシステムが故障しました。カードの方、申し訳ございません！」

私はキャッシュです。いきなり列の一番前になりました。「ラッキー！」と、私は心の中で叫びました。しかし、油断は禁物です。気を引き締めて、モノレールで羽田空港に向かいました。

空港に着くと、搭乗手続きをします。ここでは交渉が必要でした。手荷物を機内に持ち込むための交渉です。

私のバックは大きなものでした。通常、機内への持ち込みはできません。しかし、預けると、受け取りの際に時間がかかるため、九時二十分の新幹線に間に合いません。

そこで、普段は使わない「既成事実法」を利用することにしました。別名「あとの祭り法」「見切り発車法」ともいわれ、相手に承諾を得ずにやってしまう方法です。ハッキリ言って、フェアなやり方ではありません。

私は、手荷物検査場から荷物を持って入りました。検査場は通過できましたが、荷物を持って飛行機に乗り込もうとすると、案の定、若い客室乗務員から、

「お客様、恐れ入ります。この荷物は、機内にはお持ち込みできません！」

と声をかけられました。

すかさず私は、

「マネージャーをお願いします！」

と言い、事情を話しました。「はしご段法」を使ったわけです。

すると、さすがはマネージャーです。飛行機の出口に一番近い席に案内してくれました。

そして、荷物もすぐに出せる位置に収納してくれました。

●──飛行機よ、遅れないでくれ！

もう一つ、私がこだわったことがあります。それは、遅れにくい飛行機を選ぶことです。

どんなに段取りがうまくいっても、飛行機が十分でも遅れるとアウトです。私は命運をS社にかけました。S社は、定時運行に定評のある航空会社です。

私は、祈るような思いで飛行機に乗り込みました。その飛行機は、定刻に飛び立ちました。

この日は、気流の状態がよく、スムーズなフライトでした。しかし、わずか一時間三十分ぐらいの飛行時間が、この日はとても長く感じられます。

「まもなく、福岡空港に着陸します」

機内アナウンスが流れました。時間通りです。

飛行機が着陸しました。駐機場までの時間が、長く長く感じられます。

飛行機を降りると、大きな荷物を持って、地下鉄の駅までの八〇〇メートルをダッシュしました。

「ハア、ハア、ハア……」

息が上がります。心臓が、今にも飛び出しそうです。乗った瞬間、電車が動き始めました。

地下鉄の博多駅で降りたら、また新幹線乗り場までダッシュです。意識がもうろうとしてきました。発車五分前、ギリギリセーフです。

新幹線に乗ってすぐ、姉に電話しました。小康状態が続いている、ただ、脈拍がドンドン落ちている、とのことでした。

「電車の中を走れ！」

姉から指令が出ます（本当はありえない話ですが……）。切羽詰まった気持ちが伝わってきます。

――そして〝奇跡〟が起きた

地元の駅に着いたのは、十二時少し前でした。駅に着いたのはいいのですが、タクシーが見つかりません。その時です。

「浜田君じゃなかと？」

振り向くと、知り合いの小島さんが立っています。

「俺が病院まで送るよ！」

何とラッキーなことでしょう！

十分後に無事病院に着きました。姉が一階の入り口に立っています。

「早く！」

エレベーターに乗り込み、五階の病室に駆け込みました。

親戚一同、ベットの周りに立っています。父は両手を縛られていました。口には、気道確保のための管が入れられています。半眼のまま、反応がありません。

「親父、帰ってきたぞ！」

私は、大きな声で叫びました。

すると、〝奇跡〟が起こりました。寝ていた父が私の右手を握り締め、顔を横に向けて大きくうなずいたのです！

それが、父親との最後の、無言の会話でした。気持ちが通じたのです。私にとっては、忘れられない思い出になりました。

その二日後、父はみんなに看取られながら、静かに息を引き取りました。

＊

もし、私に交渉力がなかったら、別の展開になっていたかもしれません。そう、交渉力は〝宝〟なのです！　実践すれば、必ずあなたの力になります。

2　日頃のお付き合いを大切に！

「交渉は、日頃のお付き合いの積み重ね」

そう言い切った友達がいます。

Mさんは、交渉の達人です。彼女には、〝実〟のある情報がドンドン入ってきます。

それはなぜか？　理由は、彼女の日頃の「心掛け」にありました。

彼女は、知り合った人の誕生日に、必ず、
●電話をする
●メールを送る
●葉書を送る
●プレゼントを贈る
ということを実行しているのです。「一年に一回だから」と彼女は言いますが、大変なことです。

しかも、プレゼントは、相手の好みを調べた上で送っているそうです。葉書の文章も手書きです。たまに、イラストも入っています。

誕生日以外にも、日頃、相手が求めている情報をタイムリーに提供しています。一見簡単そうに見えますが、実行するとなるとかなり大変です。相手は一人ではないのです。

人間関係は、持ちつ持たれつです。相手に何かを与えようとする気持ちが、人生を豊かにします。交渉も同じです。

幕末の偉人に勝海舟がいます。江戸城総攻撃の直前、土壇場で薩摩の西郷隆盛と会見を行い、江戸が火の海になるのを回避しました。

海舟は、市井の人々との付き合いを大切にする人でした。万が一、江戸が火の海になっても、その対策は万全なものでした。火消しの親方との確固たる信頼関係があったからです。そして最終的には、海舟の交渉力が江戸の町を救うことになります。

3 交渉は、最終的には心の交流

「桧原桜」が教えてくれたこと

一九八四年のお話です。場所は福岡市南区桧原《ひばる》です。

そこに桜の木がありました。春になると、近くの住民の心を癒してくれました。その木が、道路拡張工事のため、伐採されることになりました。

人間は交渉することができます。しかし、自然は交渉することができません。

ある日、近くの住民が、次のような短歌を短冊に記し、桜の木につるしたのです。

「花あわれ　せめてはあと二旬　ついの開花を　ゆるしたまえ」

意味は、「あと二十日間、せめて桜の花の咲き終わるまで伐採を待ってほしい」というものでした。

この話が、当時の進藤一馬市長の耳に入りました。そして市長は返歌を書きました。花を惜しむ気持ちを歌に託したのです。

「桜花《はな》惜しむ　大和心のうるわしや　とわに匂わん　花の心は」

そして結果的に、道路を曲げることによって桜は守られました。今も春になると、たくさんの花を咲かせ、市民の憩いの場になっているそうです。

この話は、「桧原桜秘話」として語り継がれています。これこそ、「三方良し」「WIN／WIN」の精神です。

「豊かな心を大切に！」

私がお伝えしたい交渉の原点が、ここにあります。

Point

交渉力は“宝”だ！

交渉力がアップすると人生が変わる

交渉上手になれば……
- 困難を切り抜けることができる
- 人間関係も豊かになる

交渉は，日頃のお付き合いの積み重ね

［相手に何かを与えようとする気持ちが大切］

↓

交渉は，最終的には「心の交流」

あとがき

本書を読み終えた皆さんの多くは、きっと交渉に対するイメージが、ガラッと変わったのではないかと思います。

交渉は、

「身近（日常的）」

「楽しい」

「面白い」

「ゲーム感覚」

「私にもできる！」

そんなイメージを抱かれるようになったのではないでしょうか？


ある小学生の姉妹のお話です。

一個の夏みかんがありました。お父さんがこう言いました。

「二人で仲良く分けなさい」

さて、どうしたらよいでしょうか？

いくつかの答えが出てきそうです。一番簡単な答えは、

「ナイフを使い、きれいに半分に切る」

他にはどうでしょう？

「ジュースにして分ける」

これもわかりやすいですね。

「お父さんにお願いして、もう一個もらう」

いい答えです。これは「交渉」そのものです。

交渉の基本は、相手のニーズ（ほしいもの、してほしいこと）を満たしてあげることです。

一番目の答えを補足してみます。

「夏みかんを妹さんに切らせて、好きな方を選ばせる」

これだと、妹さんも満足です。二番目、三番目の答えは問題ありません。

そしてもう一つの方法は、「相手に質問する」ということです。

「お姉ちゃん、この夏みかん、どうしようか?」

「そうねえ……お姉ちゃんは夏みかんの絵を描くだけでいいから、それが終わったら全部あげる!」

と言うかもしれません。
●妹は食べたい
●姉は写生をしたい
両方のニーズが満たされました。

つまり、交渉で一番大切なことは、「自分の立場と同じように、相手の立場も尊重する」ということです。そこに信頼関係が芽生え、大きく発展します。あなた自身の人生も、豊かに楽しくなります。

さあ、交渉の〝マスターキー〟が手に入りました! いよいよ旅立ちです。
ぜひ、本書を有効活用されて、「人生」という名のスリルに富んだ〝宝探し〟の旅を存分に楽しんでください! (もちろん、本書も忘れずに連れていってください)
最後になりましたが、この本は、海鳥社の杉本雅子女史との〝出会い〟と、今回も根気強く心をこめて編集をしてくださった田島卓さんのお陰で、世に出ることができました。深く感謝の意を表します。

読者の皆さんのさらなるご発展を祈念し、明るい未来への門出を祝福しつつ、ペンをおきます。

ありがとうございました。

浜田幸一

［浜田幸一公式ホームページ］
http://www.infrontier1.com/index.html

浜田幸一（はまだ・こういち）
(株)イン・フロンティア代表取締役兼インサイトラーニング(株)チーフインストラクター。日本プレゼンテーション協会認定マスタープレゼンター。
1957年，熊本県生まれ。日本大学理工学部建築学科卒業後，8年間，家業の建設業で会社経営と実務の経験を積む。27歳の時，コミュニケーションスキルの専門家として著名な箱田忠昭氏の講演を聴き，感銘を受ける。その後上京し，箱田氏に師事。以来，20年間で3000回以上の講演，研修をこなす。現在，全国の企業・団体で，主にプレゼンテーション（人前での話し方），時間管理，ネゴシエーション（交渉力）のセミナーを展開。非常にわかりやすく，かつ身につくセミナーとして高い評価を得ている。また，ジャンルを超えた多種・異才のネットワークを持つ。趣味は，“ライブ鑑賞”，料理と食べ歩き，ジムでのフィットネス。
著書：『僕は陽気な落第生』『願望実現』『クヨクヨするな 道は必ず開ける』『街で出会った言葉のダイヤモンド50個』『小さな会社の後継ぎ革命』（以上，日新報道），『Gift for you…』（きこ書房），『言葉の贈り物』（生活の友社），『音速成功　夢はチームで叶えろ』（エベイユ），『超ラクラク スピーチ術』『超ラクラク 時間活用術』（以上海鳥社）

超《ちょう》ラクラク 交渉術《こうしょうじゅつ》
■
2009年9月1日　第1刷発行
■
著　者　浜田幸一
発行者　西　俊明
発行所　有限会社海鳥社
〒810-0074　福岡市中央区大手門3丁目6番13号
電話092(771)0132　FAX092(771)2546
印刷・製本　大村印刷株式会社
ISBN 978-4-87415-714-5
http://www.kaichosha-f.co.jp
[定価は表紙カバーに表示]